これだけ知っておけば大丈夫！
「ビジネスマナー」のきほん

第一印象

電話応対

訪問と来訪

文書作成

松本昌子 監修　TNB編集部 編著

SHOEISHA

本書内容に関するお問い合わせについて

このたびは翔泳社の書籍をお買い上げいただき、誠にありがとうございます。弊社では、読者の皆様からのお問い合わせに適切に対応させていただくため、以下のガイドラインへのご協力をお願い致しております。下記項目をお読みいただき、手順に従ってお問い合わせください。

●ご質問される前に

弊社Webサイトの「正誤表」をご参照ください。
これまでに判明した正誤や追加情報を掲載しています。
正誤表　http://www.shoeisha.co.jp/book/errata/

●ご質問方法

弊社Webサイトの「刊行物Q&A」をご利用ください。
刊行物Q&A　http://www.shoeisha.co.jp/book/qa/
インターネットをご利用でない場合は、FAXまたは郵便にて、下記"翔泳社 愛読者サービスセンター"までお問い合わせください。電話でのご質問は、お受けしておりません。

●回答について

回答は、ご質問いただいた手段によってご返事申し上げます。ご質問の内容によっては、回答に数日ないしはそれ以上の期間を要する場合があります。

●ご質問に際してのご注意

本書の対象を越えるもの、記述個所を特定されないもの、また読者固有の環境に起因するご質問等にはお答えできませんので、予めご了承ください。

●郵便物送付先およびFAX番号

送付先住所　〒160-0006　東京都新宿区舟町5
FAX番号　03-5362-3818
宛先　(株)翔泳社 愛読者サービスセンター

※本書に記載されたURL等は予告なく変更される場合があります。
※本書の出版にあたっては正確な記述につとめましたが、著者や出版社などのいずれも、本書の内容に対してなんらかの保証をするものではなく、内容やサンプルに基づくいかなる運用結果に関してもいっさいの責任を負いません。
※本書に記載されている会社名、製品名はそれぞれ各社の商標および登録商標です。

はじめに

　ビジネスではさまざまな価値観や考えを持った人が集まり、成果を出していくことが求められます。そこで重要になるのは、お互いが相手を尊重する気持ちを持って接していくことです。その相手を尊重していることを表現する手段の1つが「ビジネスマナー」です。
　とは言え、価値観や考えがさまざまだということは、心地よいと感じるポイントもそれぞれ違ってきます。そこで、まず大切なのは基本を知っておくことです。
　基本を知っておけば、その都度状況に応じてその場にふさわしい振る舞いは何だろう？　と考え、行動できるようになります。また、自分が相手に対して敬意を持って振る舞うことで、相手からも同じように振る舞ってもらうことにつながります。つまり、ビジネスマナーは相手のための行動ですが、その結果、自分を守ってくれる武器にもなりうるものなのです。
　マナーと言うと、堅苦しくてメンドクサイと思ってしまいがちですが、人とのよりよい関係性を築くために必要な手段と捉え、積極的に学んでいってください。

2015年3月
松本昌子

1章　社会人として働くために

1	ビジネスマナーとは何だろう？	12
	身だしなみ	
	おじぎ	13
	あいさつ	
2	社会人としての自覚を持とう	14
	ビジネスパーソンに必要な3つの意識	
	社会人と学生の違い	15
3	何のために働くのか	16
	「作業」と「仕事」の違い	
	人財を目指そう	17
コラム	ビジネスでよく使われるPDCAサイクルとQCD	18

2章　イラストでわかる！ビジネスマナー

1	新入社員&転職者の1日	20
	起床から通勤まで	
	出勤から仕事開始	21
	仕事中に気をつけること	22
	休憩中や外出時の注意	23
	退社するまでが仕事	24

3章　基本マナーを知っておこう

1	見た目のイメージが信頼感に	26
	人のイメージを決める非言語要素の例	
	言葉は表情や態度とともに判断される	27
	魅力的な笑顔をつくろう	28
	おしゃれよりも清潔感を優先する	29

contents

	女性の身だしなみチェックポイント	30
	男性の身だしなみチェックポイント	31
	正しい姿勢を知る	32
	おじぎの基本	33
	3種類のおじぎの使い分け	34
	謝るときは最敬礼で	35
2	あいさつは何のため？	36
	自分から相手の名前を呼んであいさつ	
	職場内の6つの基本あいさつ	37
	そのほかのあいさつ	38
	自己紹介をマスター	39
	自己紹介がスマートに言えるようになろう	40
コラム	こんなときどうする？	42

4章 | 仕事の進め方

1	仕事をするということ	44
	チームとして仕事をする	
	仕事の指示を受ける	45
	指示を5W3Hで整理する	46
2	ホウ・レン・ソウのキホン	47
	報告の流れ	48
	連絡のポイント	49
	伝達ツールのメリットとデメリット	
	相談は内容を選んで	50
	PREP法を応用しよう	51
	ミスをしたときの対処法	52
	困ったときの対応	53
コラム	ホウ・レン・ソウの言い回し集	54

5章 言葉遣いをマスターしよう

- 1　会話のキホン　　　56
  - 話題を上手に選ぼう
- 2　敬語を使いこなそう　　　57
  - 敬語は相手と自分の立場を明確にする
  - 敬語の種類　　　58
  - 敬語の言い換え表　　　60
  - 敬語の使い方は状況によって変わる　　　62
  - 間違いやすい二重敬語や敬語の連結　　　63
  - 相手や自分の呼び方を知る　　　65
- 3　ビジネスに適した言葉遣いをする　　　66
  - 言いにくいことを和らげるクッション言葉　　　67
  - 俗語を避けよう　　　68
  - 「ら抜き言葉」「さ入れ言葉」は耳障り　　　69
- コラム　初対面でも相手の心をつかむ会話術　　　70

6章 電話応対を身につけよう

- 1　電話のキホン　　　72
  - 受けるときもかけるときも 電話で話すときのポイント
  - 電話のメモを準備しておく　　　73
  - 基本の電話の受け方　　　74
  - 迷ったときの応対　　　76
  - 組織の内情や個人的なことは上手に言い訳を　　　77
  - クレーム電話への対応　　　78
  - 基本の電話のかけ方　　　80
  - 相手が不在のときの3つの選択　　　82
  - 内線電話の受け方・かけ方　　　83
  - ふだん使う言葉はビジネスではNG　　　84
- 2　携帯電話でのやり取り　　　86

contents

		携帯電話を使うときに気をつけること	86
		携帯電話で使えるフレーズ集	87
コラム		自分からできる仕事をしよう	88

7章 | 来客応対の基本を知ろう

	1	受付と案内のキホン	90
		お客様に対する受付の基本	
		迷ったときの応対	91
		お客様のご案内	92
		いろいろなご案内方法	
	2	席次を知ろう	94
		席次の例	95
	3	お茶を入れる	96
		準備とお茶出し	
		お客様応対NG集	98
	4	お客様のお見送りの手順	100

8章 | 訪問時の基本を知ろう

	1	アポイントを取る	102
		アポイントを取る前に	
	2	相手先を訪問する	104
		訪問の流れ	
	3	名刺を交換する	106
		名刺交換の流れ	
		名刺交換の順番	108
		名刺の置き方	
		人物紹介のルール	109
コラム		訪問前日の準備チェックリスト	110

9章 メールと文書作成術をおさえよう

1. メールのキホン　　　　　　　　　　　　　112
    - 送信メールのポイント
    - 返信メールのポイント　　　　　　　　　113
    - メールの文面(社外)見本　　　　　　　　114
    - メールの文面(社内)見本　　　　　　　　115
    - メールの送受信チェックリスト　　　　　116
    - メールの署名は見やすくすっきりと
2. ビジネス文書のキホン　　　　　　　　　117
    - 基本の社外文書
    - 社内文書と社外文書の違い　　　　　　　118
    - ビジネス文書の決まり
    - 頭語と結語　　　　　　　　　　　　　　119
    - 時候のあいさつ例(「○○の候」と使う)
    - 社外文書の文面見本　　　　　　　　　　120
    - 基本の社内文書　　　　　　　　　　　　122
    - ビジネス文書送付時のチェックリスト　　123
3. 英文レター・メールのキホン　　　　　　124
    - 基本のビジネス英文レター　　　　　　　125
    - 英文ライティングのお役立ちフレーズ集　126
    - 基本の英文メール　　　　　　　　　　　127
    - 英文メールのお役立ちフレーズ集　　　　128

10章 そのほかのモラルとマナー

1. 社会人としてのモラルとマナー　　　　　130
    - 個人情報や内部情報は守秘管理を
    - SNSに注意しよう　　　　　　　　　　　131
2. 退職のマナー　　　　　　　　　　　　　132

contents

	退職を決めたら	
3	結婚式のマナー	134
	招待状の返事の仕方	
	結婚式の服装	135
	ご祝儀袋(金封)の用意	136
	祝い金のマナー	137
	スピーチの流れ	
4	お葬式のマナー	138
	通夜と葬儀・告別式の違い	
	訃報を聞いたら	
	通夜や葬儀・告別式の服装	139
	香典袋の用意	140
	不祝儀袋の種類	141
	お参りの仕方	142
	お悔やみの言葉をかける	143

付録	本書のまとめ	144
	身だしなみチェックリスト	152

登場人物紹介

●アラタ君
入社1か月目の新入社員。中小企業なので、新入社員研修はなく、毎日OJTで仕事を覚えている最中

●ミサキさん
3か月前に転職してきたばかりの社会人3年目。前いた会社では、ひととおり新入社員研修は受けている

●山田課長
アラタ君の直属の上司。新たに配属されたアラタ君の仕事ぶり見守りながら、仕事の指示を出している

●アツコ先輩
本書の監修を引き受けてくださった人財育成コンサルタント兼講師。アラタ君とミサキさんのマナーを厳しくチェック

1章

社会人として働くために

新入社員も、転職したばかりの人も、
まずは社会人として働くために
必要なことを考えていきましょう。

1 ビジネスマナーとは何だろう?

　ビジネスマナーと聞くと「形式が優先で堅苦しい」「ちょっと面倒」と思うかもしれません。しかし、ビジネスマナーを身につけると仕事を正確に合理的に効率よく行うことができます。また、その成り立ちを知ると「仕事相手のあなたを大切に思っています」「お互いにいい仕事をしましょう」という気持ちが込められていることがわかります。例えば、おじぎや敬語、席次といったマナーには日本的な振る舞いが多く含まれていますが、そこには「おもてなし」「思いやり」が根底にあります。一方、身だしなみを整えることは世界共通のビジネスマナーです。
　ビジネスマナーはよい人間関係をつくり、この人と一緒に仕事をしたいと相手に思ってもらうのに必要であり、社会人としての自分を守るものでもあります。最初から完璧に身につかなくても、素直な気持ちで学んでいけばいいのです。

身だしなみ

服装や髪、メイクなどの身だしなみは社会人としての第一印象を決めるものです。毎朝チェックして、身だしなみを整えることを習慣として身につけましょう P.26

身だしなみは、人のイメージを決める非言語的要素の1つです。相手から信頼される人にふさわしい「見た目」を意識して、身だしなみを整えましょう

人からどのように見られるかは、鏡の前で毎朝チェックします。毎朝確認することで、見た目だけでなく、健康状態もチェックできるようになります

おじぎ

相手への敬意を表すのがおじぎです。角度が違う会釈、敬礼、最敬礼の3種類のおじぎを身につけ、時と場合によって使い分けられるようになりましょう

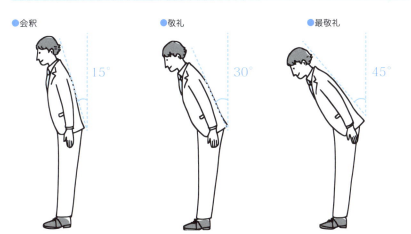

●会釈 15°　●敬礼 30°　●最敬礼 45°

おじぎには「会釈」「敬礼」「最敬礼」の3種類があります。場面にふさわしいおじぎをすることで、相手に対する思いを伝えることができます

あいさつ

ビジネスマナーの基本はあいさつです。あいさつは相手からされるものではなく、自分からするものです。誰に対しても、明るく大きな声であいさつをしましょう

○○さん、おはようございます。

おはようございます。

笑顔でハキハキとあいさつすることで、相手によい印象を与え、その後のコミュニケーションにつながります。積極的に自分からあいさつをしましょう

2 社会人としての自覚を持とう

　社会人になったら、自分で考えて、自主的に動き、自分の行動に責任を持つこと、社会人として、もしくは組織人としての倫理観を持つことが求められます。また、組織外では自分の組織を代表する存在、「組織の顔」として扱われるのです。社会で働くとはどういうことか、学生とはどのように立場が変わるのか、学生と社会人の違いを考えてみましょう。

ビジネスパーソンに必要な3つの意識

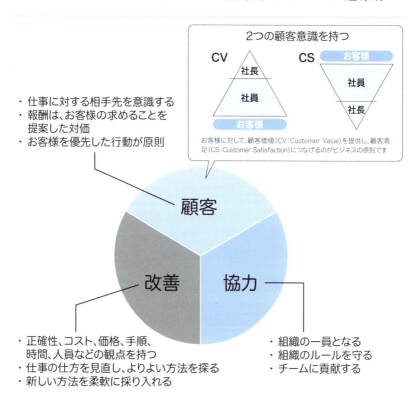

社会人と学生の違い

社会人は世代や立場、考え方が異なる人たちと、ときにはチームを組んで仕事をすることが求められます。求められる人材になるために、違いを知りましょう。

内容	社会人	学生
①目的	・能動的に仕事をする ・成果を出す	・受動的に学び、知識を得る ・社会人になるための知識を学ぶ
②目的を達成するための手段	・自らの知識や技能を使う ・チームで力を合わせる	・自ら学ぶ ・人から教えてもらう
③人間関係	・年齢や職種などが多様で範囲が広い ・上下関係がある	・学校内の同級生、先輩、後輩、教員など ・年齢や世代の範囲が狭い
④責任	・指示命令系統に従い仕事に責任を持つ ・自分のミスがチームや組織の失敗になる ・組織に利益をもたらさなければならない ・職業上の倫理観が求められる ・自己管理能力が求められる	・教えられた知識の習得度合いは自己責任 ・自分のミスが多くの人に迷惑をかけることは少ない
⑤評価の基準と及ぼす範囲	・日常の仕事ぶり ・仕事の成果／結果 ・評価に基づき、その後の仕事内容や勤務地、報酬などが変わる	・学期ごとに行われる定期的なテスト ・出席、授業での態度 ・一定以上のスコアを取れば進級・卒業できる
⑥評価する人	・顧客 ・上司 ・同僚（先輩なども含む）	・教師 ・教授
⑦時間の捉え方	・拘束時間が比較的長い ・自由が利かないことが多い ・休むと、所属するチームに迷惑がかかる	・授業やテストの時間以外は自由度が高い ・好きに時間を使ってもまわりに影響はほとんどない

3 何のために働くのか

　社会人にとっては報酬に見合った仕事をするのは義務であり、組織に利益をもたらすことが求められます。そして、利益という目標に向かって人と協力しながら、仕事を完遂することは自分を大きく成長させます。人生において、仕事は自己実現の1つの手段です。生活のためだけではなく、自分の持つ力を発揮する対象として仕事を捉えると、やり甲斐も出てくるはずです。

「作業」と「仕事」の違い

　社会人は「仕事」が評価されて、はじめて給与をもらうことに値します。頼まれた「作業」のみをこなすことは「仕事」ではありません。作業に自分なりの工夫を加えることが社会人としての「仕事」です。作業のスピードを上げる、手間を減らす、正確性を高める、コストを下げる、より楽しく行えるなど、作業の価値を上げることを常に考えましょう。

● 働くことに対する意識の持ち方

- ○ 指示命令系統に従いながらも、自分のできることを探し、自主的に取り組む
- ○ 全体と細かいところの両方を見ながら動く
- ○ 体調を管理して、心身ともに健康を保つ

- ✗ 言われたことしかしない
- ✗ 言われたこともせず、責任を果たさない
- ✗ 公私混同をして、プライベートを持ち込む
- ✗ 会社に益がなく、自分が得することしかしない

人財を目指そう

組織では、言われたことだけをする人を「人材」、それさえできない人は「人罪」です。目的意識を持って仕事に取り組むことで、利益を増やし、組織の信用を高めることができる「人財」を目指しましょう。

上司や先輩から
こう言われたら……

この仕事をお願いします。

作業

言われたことしかしない、頼まれたことをこなすだけの人＝作業する人です。まずは作業をきっちりできるようになりましょう

はい、
かしこまりました。

仕事

頼まれた作業に自分なりの工夫をプラスαする人＝仕事をする人です。社会人としての最初のステップは、「仕事をする人」を目指しましょう

はい、
かしこまりました。
（前回より早く仕上げるにはどうしたらよいだろう？）

人財

その人にしかない深い知識や技能によってプラスαを加えた仕事ができる人＝人財です。最終的に人財になることで、組織に不可欠な人になります

はい、
かしこまりました。
1つ提案なのですが、
○の部分を△の
進め方でアプローチ
してみてはいかが
でしょうか？

ビジネスでよく使われるPDCAサイクルとQCD

●PDCAサイクル

どんな仕事にもはじめと終わりがあり、そのプロセスと成果の見直しが要求されます。そのために使われるのが「PDCAサイクル」です。このサイクルを常に回すことで、成果がよりよいものになっていきます。

PDCAとは、Plan（計画）、Do（実施、実行）、Check（評価、点検）、Act（改善、処置）の4つの頭文字です。ホウ・レン・ソウ（P.47）が重要な理由は、このPDCAサイクルを回すためです

●QCD

QCDは商品やサービスをデザインしたり、プロセスをチェックしたりする際に重要な3つの項目であるQuality（品質）、Cost（費用、価格）、Delivery（納期、配送）を表します。Qがもっとも重要ですが、何か問題が起こったときや現状を改善したいときは、この3つの視点をバランスよく捉えながら解決のヒントを探ります。

もともとはモノづくりの現場に代表されるような製造業で重視される基本的要素ですが、仕事はすべてQCDの視点からチェックすることができます

2章
イラストでわかる！ビジネスマナー

どんな場面でビジネスマナーが必要になるのか、新入社員＆転職者の1日を見てみましょう。

1 新入社員&転職者の1日

　朝起きてから退社するまで、シミュレーションを通してどんなところでビジネスマナーが必要となるかを確認していきましょう。会社とは年齢や知識、経験などが異なった人が集まる場所なので、社会人としてのマナーが重要になります。また、家を一歩出れば組織と関わりがある場所がかなり広いということを意識して行動しましょう。

起床から通勤まで

●朝起きたら

身だしなみをしっかり整え、朝食をとります。余裕を持って起床することで、新聞を読んだり、ニュースを見たりするなど、情報収集の時間もつくれます

アツコ先輩のマナーポイント
情報収集の時間も大切です。

●通勤電車の中では

通勤時は出勤時刻前とはいえ、すでに個人ではなく、一組織の人と見なされます。通勤途中に知り合いに会ったら軽く会釈をするなど、電車の中でも行動に気をつけます

アツコ先輩のマナーポイント
家を一歩出たら、会社の代表として見られています。

出勤から仕事開始

●会社に入ったら

会社に着いたら、自分からあいさつをします。あいさつはコミュニケーションの第一歩と言われています。相手の名前を呼んで、しっかりとあいさつします

アツコ先輩のマナーポイント
あいさつされてから返すのは返事です。

●仕事前にやること

始業時間には、仕事ができる状態でいられるように、始業時間前から準備をしておきます。その日に行う業務の確認などをしっかりと行いましょう

アツコ先輩のマナーポイント
始業時間は仕事がスタートできる時間のこと。

●仕事スタート！

仕事には必ず目的があり、その目的達成のための創意工夫が必要になります。仕事を指示されたら、返事はもちろんですが、何を行ったらプラスになるかもつねに考えましょう

アツコ先輩のマナーポイント
言われたことはもちろん、何がプラスになるか考えましょう。

仕事中に気をつけること

● 仕事の質問

仕事でわからないことや判断に迷うことがあったら相談します。仕事は自分だけで完結できるものではなく、上司や同僚などチームで行っているという意識を持ちましょう

アツコ先輩のマナーポイント

PDCAサイクルの「C」を意識して仕事を！

● 電話を取る

電話応対は若手の仕事です。自分の携帯電話にかかってくるのは、すべて自分宛ての電話でしたが、会社にかかってくるのは、すべて会社宛てです。組織の顔として応対しましょう

アツコ先輩のマナーポイント

会社にかかってくる電話は個人宛てではありません。

● 自分から仕事を創り出す

自分から仕事を創り出すことなんてできないと思っていませんか？ かかってきた電話をリスト化する「電話リスト作成」は、自分から創ることができる仕事です

アツコ先輩のマナーポイント

電話リストは今日からでも創れる「仕事」です。

休憩中や外出時の注意

●ランチの会話

休み時間もその組織の人であるという意識を持ちましょう。公の場での会話内容などは、意外とまわりの人に聞こえます。リラックスは大切ですが、守秘義務も忘れずに

アツコ先輩のマナーポイント
休み時間も会社の人として見られています。

●エレベーター

エレベーターなどの狭い場所では臭いがこもります。臭いの強い食べ物は、スメハラ（臭いによって他人に不愉快を与えること）にもなってしまうので、ランチでは避けましょう

アツコ先輩のマナーポイント
スメハラにも気を配りましょう！

●外出時

仕事はチームで行う以上、情報の共有が重要です。外出時など席を離れる際には、所在をはっきりしておくと、自分に対する問い合わせなどに対して適切な応対がなされます

アツコ先輩のマナーポイント
つねに自分の所在を明確にしておきましょう。

退社するまでが仕事

● **仕事が終わらない**

今日の仕事は今日のうちに終わらせましょう。予定通りに進まなかった場合は、なぜ進まなかったのかを考え、上司や先輩に相談し、今後に活かしていきましょう

アツコ先輩のマナーポイント

アウトプットの質を上げていきましょう。

● **明日の準備**

退社前にデスク周りを整理整頓し、帰宅したということが周囲にわかるようにしておきます。明日終わらせなくてはならないことなど、予定もしっかりと確認しておきましょう

アツコ先輩のマナーポイント

明日の仕事は今から始まっています。

明日の予定を確認しよう。

お先に失礼いたします！

● **退社**

上司や同僚が仕事で忙しそうだからと、何も言わずに帰るのはNGです。朝と同じく、きちんと自分からあいさつをして、退社します

アツコ先輩のマナーポイント

帰宅することを伝えてから帰りましょう。

明日も一日がんばりましょう！

3章
基本マナーを知っておこう

基本マナーは社会人として必ず身につけておきたいもの。相手に与える印象を決める重要なポイントになります。

1 見た目のイメージが信頼感に

社会人として「あなたと一緒に仕事がしたい」と相手から信頼されることはとても重要です。言葉を交わさなくても、表情やしぐさなど、見た目から判断されてしまうこともあるので、気をつけましょう。特に身だしなみは「今日からすぐ改善できるポイント」になります。信頼される人にふさわしい「見た目」を意識しましょう。

人のイメージを決める非言語要素の例

表情
眉毛の形
視線
目の輝き
目の見開き具合
口の開き方
口角の位置
など

相手に好印象を持ってもらうと、仕事の進めやすさにもつながっていくものです。反対に印象が悪いと信頼されなくなり、仕事がしにくいことにもなりかねません

姿勢
しぐさ
服装

言葉は表情や態度とともに判断される

　米国の心理学者アルバート・メラビアンの研究によると、人は感情や態度について矛盾したメッセージを受け取った場合、より視覚による情報に影響を受けやすいと言われています。謝罪の言葉も表情や態度がそれを表していなければ、相手は謝罪しているとは思いません。言葉や話の中身も大切ですが、表情やしぐさ、声の調子や話すスピードのほうがあなたの印象の鍵を握っています。

[笑顔]

申し訳ございません。

笑顔で「申し訳ございません」と伝えても、かえって相手からの印象が悪くなります

[反省顔]

申し訳ございません。

反省の色を出した顔で「申し訳ございません」と伝えると真意が伝わります

[無表情]

申し訳ございません。

無表情で「申し訳ございません」と伝えても、真意は伝わりません

魅力的な笑顔をつくろう

　笑顔などの表情は自然とにじみ出てくるものですが、印象をよくするには、表情をつくることも大切です。笑顔のポイントは、上がった口角・やさしい目元・相手への視線。笑っているのに目は笑っていないということがないようにしましょう。

●顔の表情や態度で意思が伝わる

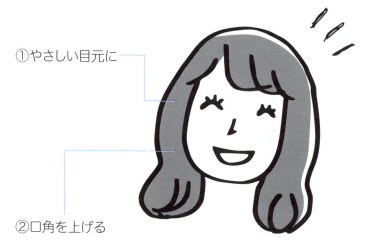

①やさしい目元に

②口角を上げる

③相手にきちんと
　目を合わせる

●意外と表情を決める眉毛

眉毛のお手入れはしているでしょうか？眉毛は意外と顔の印象を決めると言われています。日ごろからお手入れをすることを心がけましょう

表情筋を鍛えて魅力的な笑顔を

顔の表情を支える表情筋を鍛えると、より素敵な笑顔をつくることができます。鍛え方は簡単。毎日、数分間、眉、目、鼻、口、頬を動かして、さまざまな「変顔」をつくるのです。また、「ウィスキー」と唱えると口が横に広がり、口角が上がって、自然と笑顔になります。

おしゃれよりも清潔感を優先する

ビジネスの場での服装、身だしなみの基本は、清潔感があること、動きやすいこと、時と場所、状況に合っていること。おしゃれをして自己満足することではなく、組織と自分の印象を損なわない身だしなみを心がけましょう。

●身だしなみ

仕事では、周囲の人がどのように思うかを優先します。悪いイメージを持たれてしまうことは、個人だけでなく、組織のイメージにもつながりかねません

[おしゃれは
自分のため]

[身だしなみは
他人のため]

身だしなみの基本

① 清潔感がある
肌や髪が整っている、洋服にしわやシミがない、体臭や香水が強くない

② 動きやすい
仕事で動きやすいサイズ、素材、デザインの服装や靴を履く

③ TPOに合っている
作業、組織外でのミーティングなど、仕事のシーンに合っている服装

女性の身だしなみチェックポイント

女性も基本はスーツを着用しましょう。またメイクやヘアスタイルなども、シンプルかつ清潔感があるよう心がけましょう。おしゃれは休みの日に楽しむようにします。

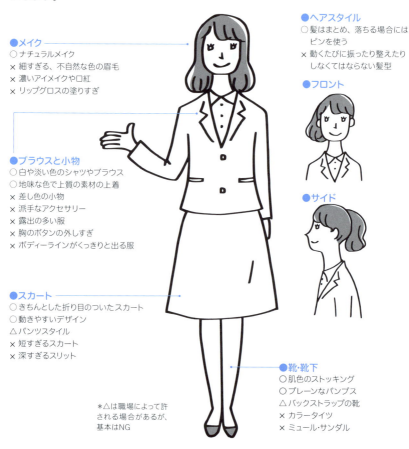

●メイク
- ○ ナチュラルメイク
- × 細すぎる、不自然な色の眉毛
- × 濃いアイメイクや口紅
- × リップグロスの塗りすぎ

●ブラウスと小物
- ○ 白や淡い色のシャツやブラウス
- ○ 地味な色で上質の素材の上着
- × 差し色の小物
- × 派手なアクセサリー
- × 露出の多い服
- × 胸のボタンの外しすぎ
- × ボディーラインがくっきりと出る服

●スカート
- ○ きちんとした折り目のついたスカート
- ○ 動きやすいデザイン
- △ パンツスタイル
- × 短すぎるスカート
- × 深すぎるスリット

●ヘアスタイル
- ○ 髪はまとめ、落ちる場合にはピンを使う
- × 動くたびに振ったり整えたりしなくてはならない髪型

●フロント

●サイド

●靴・靴下
- ○ 肌色のストッキング
- ○ プレーンなパンプス
- △ バックストラップの靴
- × カラータイツ
- × ミュール・サンダル

*△は職場によって許される場合があるが、基本はNG

制服がある場合は　制服があるからといって、通勤服にカジュアルすぎるものは避けましょう。また、制服着用時にネームプレートをつける場合は、名前をきちんと見える位置につけているかを確認しましょう。

男性の身だしなみチェックポイント

男性は通常スーツを着用します。スーツはベーシックな生地を選びましょう。派手な柄のスーツやネクタイは、シンプルなスーツの中では目立ってしまいます。シンプルなデザインと清潔感のある身だしなみを心がけましょう。

●ヘアスタイル・顔
○ 自然に下ろした前髪
○ 襟足が見えない程度の後ろ髪
× 前髪が目にかかっている
× 明るすぎるカラーリング
× 細すぎる、あるいは不自然な色の眉毛
× 無精ひげ

●ネクタイ
○ 青、黄色、えんじ色などの無地、ストライプのネクタイ
× 大きい柄のネクタイ

●スーツ
○ 丈が合った、紺やグレーの上着
○ 3つボタンのシングルジャケット・スーツ
× ダブルのジャケット・スーツ
× ジャケットやスーツのボタンを外しっぱなし

●シャツ
○ 白や青の無地、細いストライプ、薄いチェックなどのシャツ
○ 第1ボタンを止めて指が1本入るくらいの首回り
○ 上着からシャツが1cmほど出ている
× シャツから柄物の下着が透けて見える
× シャツの襟と袖の汚れ

●ズボン・小物
○ 折り目のついたズボン
× ブランドのバックルや柄が目立つベルト

●靴・靴下
○ スーツに合った色の革靴
○ きちんと磨かれた靴
○ 黒や紺の靴下
× 靴のかかとのすり減り
× 白い靴下
× 短いソックス(くるぶしが見えるもの)

Vゾーンに注意

スーツからシャツとネクタイが覗く部分は「Vゾーン」と言い、男性のスーツスタイルにおける注意点です。ワイシャツは一番上のボタンを留めても、首回りに指が1本入るぐらいのゆとりがあるものを選びます。スーツのボタンは3つの場合、中央は必ず留め、2つの場合は上だけを留めます。座っているときはボタンを外していてもOKです。

正しい姿勢を知る

　姿勢は自分では気にしていなくても、周囲からはしっかり見られています。また、心の姿勢は身体の姿勢に現れるとも言われています。姿勢も身だしなみ同様、相手からの信頼感につながる重要な項目になります。意識して正しく整えるようにしていきましょう。

①立つ

- 天井から糸で釣られているような感じで背筋を伸ばし、胸を張る
- まっすぐ前方を見る（相手の目を見る）
- かかとをつけ、体重を両足に均等に載せる
- 手は自然に前で重ねる
- または、5本の指を揃え、中指をズボンの横の縫い目に合わせる

手を後ろに組むと偉そうな感じを与えることがあります

鏡で自分の身体の左右のバランスをチェック

人にどう見えているか、健康上の心配はないかを鏡の前でチェックしてみましょう。

- 目、眉の高さ
- 肩の高さ
- 顔色、目の色
- 頬やあごの形
- 腕の長さ
- 骨盤の位置や高さ
- 脚の長さや太さ
- 足の形

②座る

- 背もたれにもたれず、背筋を伸ばして胸を張る

仕事の打合せのときには足を組まず、貧乏ゆすりをしないようにしましょう

- 膝を揃えて、足先をまっすぐ下にそろえる

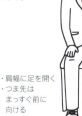

- 肩幅に足を開く
- つま先はまっすぐ前に向ける

③歩く

- 胸を張りすぎない、あごを上げない
- 肩の力を抜き、軽く手を振る
- つま先が前を向く
- 足を引きずらない

おじぎの基本

おじぎとは、「敬意・感謝・謝罪」の気持ちを表す動作です。場面にふさわしいおじぎをすることで、相手に対する思いを伝えることができます。言葉の後におじぎをする分離礼がより丁寧と言われています。

●手の組み方

基本は手を横に伸ばしたままでおじぎをします。手を組むこともありますが、右手が上でも、左手が上でも、どちらも間違いではありません。

●基本のおじぎのしかた

・かかとをつけて、つま先を少し開く（男性は45度、女性は30度程度）

①
・天井から釣られているように背筋を伸ばす
・はじめに相手の顔を見る

②
・腰から曲げる
・視線は自然に下げる
・一番深くなったところで少し止める

③
・曲げるときよりも動作をゆっくりと戻す
・顔を上げたときに相手の目を見る

こんなおじぎはNG

× 座ったまま
× 歩きながら
× 相手を見たまま
× 首だけを動かす
× 猫背やへっぴり腰
× 両手がだらりとしている
× 何度もペコペコする

3種類のおじぎの使い分け

①会釈

失礼いたします。

15°

● 角度
15度
もっとも軽いおじぎ

● タイミング
1で頭を下げ、2で止めて、3・4で戻す

● 使われるシーン
すれ違うとき、用件を聞くとき、人に話しかけるとき

● 使われる言葉
「こんにちは」
「かしこまりました」
「承知しました」

②敬礼

いらっしゃいませ。

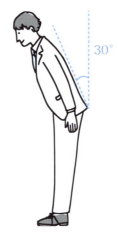

30°

● 角度
30度
やや丁寧なおじぎ

● タイミング
1・2で頭を下げ、3で止めて、4・5・6で戻す、目線は自然におろす

● 使われるシーン
お客様などの出迎え・見送り、仕事先の訪問、感謝の気持ちを伝えるとき

● 使われる言葉
「おはようございます」
「お世話になっております」

③最敬礼

申し訳ございませんでした。

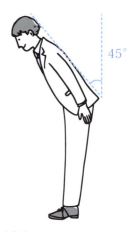

45°

● 角度
45度
もっとも深いおじぎ

● タイミング
1・2・3で頭を下げ、4で止めて、5・6・7・8で戻し、目線は自然におろす

● 使われるシーン
深く感謝しているとき、謝罪するとき、無理なお願いを聞いてもらうとき、車など、相手までの距離のある場所での出迎え・見送り

● 使われる言葉
「本当にありがとうございます」

謝るときは最敬礼で

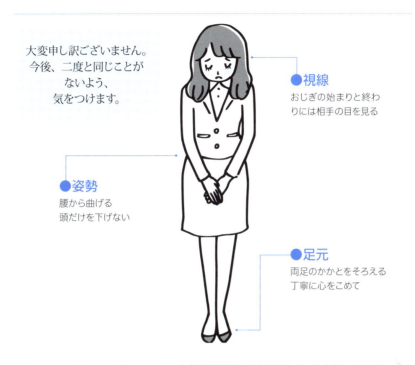

大変申し訳ございません。
今後、二度と同じことが
ないよう、
気をつけます。

● 視線
おじぎの始まりと終わりには相手の目を見る

● 姿勢
腰から曲げる
頭だけを下げない

● 足元
両足のかかとをそろえる
丁寧に心をこめて

立つ位置も重要

自分と相手が立つ位置によっても相手の感じ方が変わることを知っておきましょう。もっともきちんとした印象を与えるのは真正面からのあいさつやおじぎです。お詫びや謝罪のときには必ず正面に立ちます。話を聞くときには45〜90度くらい開いた位置が適切です。真後ろに立たれると人は恐怖感を感じるので避けましょう。

● 恐れの位置
自分の安全を一番守りにくいため、この位置から声をかけられることは嫌われます

相手

● 情（左右どちらも同じ）の位置
親しみを感じやすい位置、話を聞くとき、指示を受けるとき

● 情（左右どちらも同じ）の位置
親しみを感じやすい位置、話を聞くとき、指示を受けるとき

● 礼の位置
もっともきちんとした印象を与えますが、立ち位置によって相手に威圧感を与えることも

2 あいさつは何のため?

business etiquette
appearances

　仕事は自分一人で行うものではなく、チームワークが重要になります。あいさつは、言葉を交わすことにより、お互いの存在を認め、よりよいコミュニケーションを築きながら成果を出していくための最初の一歩です。だからこそ、相手の名前をきちんと呼ぶことで、より相手に伝わりやすくなります。また、明るいあいさつはその場を明るく爽やかにします。積極的に自分からあいさつをしましょう。

自分から相手の名前を呼んであいさつ

○○さん、
おはようございます!

○ 自分から名前を呼ぶ
笑顔でハキハキとあいさつすることで、存在を認めてもらえます

おはよう
ございます!

△ 良くも悪くもない
せっかくあいさつをしたのに、(近くに他の社員がいると)自分に言われていないと受け止められるかもしれません

…………

× 何も言わない
あいさつもしないというのは、そこに存在しないと同じ。組織に必要ないとみなされることもあります

これはNG
× 返事をしない　　× 小さな声で
× 気づかないふり　× 語尾を省略する
× 声をかけられたのに　× 相手の目を見ない
　会釈で返す

おは〜♪

職場内の6つの基本あいさつ

　ここに紹介する6つのあいさつは、とくに自分からはっきりと言うべきものです。相手が忙しそうでも声掛けを。椅子から立ち上がってあいさつすることで、より丁寧な印象を与えます。廊下やお手洗いで何度も会う場合には会釈でかまいません。

① 朝出社したとき

おはよう
ございます。

「おはようございます」を使うのは、10時ぐらいまで。その後は「お疲れ様です」を使います。遅刻した場合は「遅くなりまして申し訳ございません」とつけ加えます

② 出かけるとき

行って
まいります。

行き先や戻る時間については、ホワイトボードやイントラネットのスケジュール表などで共有してから出かけましょう

③ 戻ってきたとき

ただいま
戻りました。

戻り時間が予定より遅くなることがわかった場合は、まず社内に一報を入れてから戻ります。戻った際には「遅くなりまして申し訳ございません」とつけ加えます

④ 帰るとき

お先に
失礼します。

「お疲れ様でした」は帰る人に向けてのあいさつです。先に帰る場合は「1日ありがとうございました」の気持ちを込めて、丁寧にあいさつしましょう

⑤ お礼

ありがとう
ございます。

お礼は通常は30度の敬礼とともに伝えます。先にお礼を言ってからおじぎをするとより丁寧な印象になります

⑥ 了承したとき

かしこまり
ました。

相手の目を見て、用事を頼まれたときは「かしこまりました」と返事をします

そのほかのあいさつ

　上司や同僚だけでなく、警備や清掃、配達の人にも自分から積極的にあいさつをしましょう。また、自分のお客様でなくとも、来客にはきちんとあいさつをしましょう。

●出かける人に

出かける人を見かけたら、その人がどこへ行くのか、何時に戻ってくるのかも、ホワイトボードなどで確認し、電話などがかかってきた際に答えられるようにします

行ってらっしゃいませ。

●帰る人に

自分がどんなに仕事が忙しくても、手を止めてからあいさつするようにしましょう。誰が帰宅したのかを確認し、電話がかかってきた際に答えられるようにします

お疲れ様でした。

●戻ってきた人に

戻ってきた人に言づけがある場合は、その人がデスクについたのを確認してから、「今、よろしいでしょうか？」とひと声かけて、話しはじめます

おかえりなさい。

お疲れ様でした。

●来客に

お客様を見かけたら、すすんであいさつするようにします。あいさつの際には、笑顔を忘れずに

いらっしゃいませ。

いつもお世話になっております。

少々お待ちください。

手を止めてからあいさつを

あいさつをしたり、されたりするときは、仕事の手を一旦止めて、相手の目を見てあいさつします。目を見ることで、相手に気持ちが伝わり、その積み重ねが信頼につながっていきます。

お疲れ様です。

自己紹介をマスター

　自己紹介は、相手に自分を知ってもらうことが目的です。よい印象で覚えてもらうためにも、明るい笑顔で、はっきり話すことを心がけましょう。一人一人に紹介されるときには名前と簡潔なあいさつ、笑顔で十分です。できるだけその場で参加している人の顔や名前を覚える努力をしましょう。

●1分でまとめる自己紹介の流れ

①最初のあいさつ

背筋を伸ばし、全体を見渡し、笑顔で、明るく大きな声ではっきりと話します

はじめまして。

●その他のフレーズ
こんにちは。／はじめてお目にかかります。
本日からお世話になります。

②組織の名前と自分の名前を言う

苗字と名前の間に少し間を置き、時間があれば業務内容や組織の特徴を話します。自分の名前は言い慣れているため、早口になりがちです。いつもよりゆっくり話します

○○株式会社△△部の
☆☆と申します。

③自己PR

右のような内容を時間に応じて組み合わせ、丁寧な言葉遣いを心がけます。訪問先で感じたよい点を話すのもおすすめです

・仕事の抱負
　なぜこの会社に入ったか、
　なぜこの仕事を選んだか
・出身地
・名前の由来　・趣味
・得意なこと　・学生時代の活動

④最後のあいさつ

はっきりと締めのあいさつをします。話し終わったら敬礼（30度のおじぎ）をします

これからよろしく
お願いいたします。

●その他のフレーズ
ご指導よろしくお願いいたします。
今後ともよろしくお願いいたします。

①〜④の流れで、1分ぐらいでまとめられるように練習しておきましょう

自己紹介がスマートに言えるようになろう

●基本

みなさんはじめまして。4月より、□□グループ3課に配属されました××△△と申します。学生時代は、ボランティアで小学生に勉強を教えていました。わかりやすく教えるということを目標に活動してきましたので、業務においてもわかりやすさを追求したいと思います。どうぞよろしくお願いいたします。

●名前の由来

△△グループの○○○と申します。名前の○の☆の字はちょっと珍しい漢字で、よく読み方がわからないと言われますが、「○」と読みます。母方の祖父の字を譲り受けたもので、代々女子に継がれています。○の読み方を覚えていただけると幸いです。これからどうぞよろしくお願いいたします。

自己紹介のフローを確認

- 所属と名前をフルネームで
- 出身地や趣味、名前など
- 仕事に対する抱負

好かれるポイント

●相手の顔を見る
話す相手に集中して、自己紹介を進めましょう。よそ見は厳禁です。

●言葉はシンプルに
みなさんの時間をもらうわけなので、長々と話すことは迷惑です。

●はきはき、ゆっくりと
緊張するのはしょうがないので、はきはき、ゆっくり話すよう心がけます。

●仕事の抱負

△△課に配属されました、○○○と申します。この仕事を選んだのは、海外で＊＊のプロジェクトを担当してきた父の影響です。大学生になって父と話す機会が増え、父と同じような道を辿りたいと思ったからです。モノづくりを通して社会に貢献したいと願っておりますので、ご指導のほど、よろしくお願い申し上げます。

●出身地

△△課に配属されました、○○○と申します。私の出身地は☆県の＊市です。市内の○○川で、小さい頃はよく水遊びをしたので、今でも魚を捕るのが得意です。☆県の人はよく「・・・・・」だと言われます。私もそんな性格があるようです。「・・・・・」を仕事に活かしたいと思います。よろしくお願い申し上げます。

●趣味や特技

△△課に配属されました、○○○と申します。ドラムが得意で、大学時代にはバンド仲間とライブハウスにも出ていました。バンドはこれからも趣味で続けていき、皆さまにも披露できる機会があればと思います。仕事も手足を動かして、リズムよく進めていきます。どうぞよろしくお願いいたします。

こんなときどうする?

状況	フレーズ
以前仕事をした人に会ったとき	先日は大変お世話になりました。ありがとうございました。
お待たせするとき、遅刻したとき	恐れ入りますが、少々お待ちください。
	お待たせして大変申し訳ございません。
案内するとき	ただ今、ご案内いたします。
仕事を頼まれたとき	かしこまりました。承知しました。承りました。
仕事を頼むとき	お手数をおかけいたしますが、よろしくお願いいたします。
質問するとき	つかぬことを伺いますが。○○のことで質問があるのですが、今、お時間よろしいでしょうか。
ミスをしたとき、迷惑をかけたとき	大変申し訳ございません。今後注意いたします。
約束を変えてもらうとき	誠に勝手なお願いで申し訳ございません。
個人的な話をするとき	個人的な話で恐れ入りますが。私事で恐縮ですが。
トイレに行くとき	少々席を外します。

4章

仕事の進め方

仕事は一人ではなく、複数人でチームを組んで行うことがほとんどです。円滑に仕事を進めるコツを知りましょう。

1 仕事をするということ

business etiquette
working style

　組織は通常、部や課など小さなグループに分かれています。このグループは単なる小さな集まりではなく、指示系統があり、プロジェクトを回していく"チーム"です。指示に従って各自が仕事をし、お互いにコミュニケーションを取り、助け合うことで仕事が進行します。一方で、一人の仕事が止まると、ほかの人の仕事にも影響するということを知りましょう。

チームとして仕事をする

- 組織の目標・プロジェクトの目的
- 担当するチームを組織

上司からの仕事の指示 (P.45)

- 指示内容を確認し、細かい作業に分解
- 個人や少人数で作業

作業の前・中・後の「ホウ・レン・ソウ」(P.47)

- 行った作業のチェックと結合
- 上層部による評価

目標や目的を達成しているか？

- 改善点を見つけて修正
- チーム内で作業

再度計画を見直し、PDCAサイクルを回す (P.18)

仕事の指示を受ける

　仕事を確実に効率よく進めることは社会人に欠かせない能力です。そのためにも指示を正確に受けることはとても重要です。きちんとメモを取り、確認をしていくことが大きなポイントになります。

① 準備する

いつ呼ばれても対応できるように、すぐに取り出せるところにメモ用紙や手帳、筆記用具を準備しておきます

② 呼ばれたら返事をする

名前を呼ばれたら、その人のほうを向いて、「はい」とはっきりと返事をします。別の方向を見ていると、呼んだ人が自分への返事ではないと誤解する可能性があるので避けましょう

③ メモを取りながら聞く

呼んだ人のところへ行き、やや斜め前に立ち（情の位置）、メモを取りながら指示を受けます。わからないことがあれば、メモを取っておき、最後にまとめて確認します

④ 復唱して5W3Hを確認する

指示を受けたら、わからないことを質問しましょう。その後、指示を受けた内容を簡単に復唱します。固有名詞、数字、金額、日時などは必ず確認しましょう。また、指示内容について、聞き間違いや聞き漏れがないように、5W3H（46ページ）に基づいて確認しましょう

これはNG

× 返事をしない、メモを取らない
× 指示内容を勝手に変える
× 何度も同じことを聞く
× 指示が来るまで動かない
× わからないことを確認しない
× 最後まで聞かない

指示を5W3Hで整理する

　指示を理解したつもりでも、聞き違いや聞き漏れをしていることもあります。以下の5W3Hにあてはめて確認することで、指示を正確につかむことができ、仕事内容の抜け漏れやうっかりミスを防げます。

●仕事の5W3H

What	何を	用件の目的、内容
Who	誰が	担当者、関係者
Whom	誰に	担当者、関係者
When	いつ、いつまでに	スケジュール、期限
Why	何のために、なぜ	理由、目的
Where	どこで、どこへ	場所、移動
How to	どのように	方法、手段、道具
How much	いくら	予算、費用
How many	どのくらい、いくつ	数量

●5W3Hを使ったメモの例

What (目的、内容)	Who、Whom (誰が、誰に)	When (いつ、いつまでに)
会議中に参照するための資料	会議の出席者全員	明日の13時までに
Who、Whom (何のために、なぜ)	**会議の資料準備**	**Where** (どこで、どこへ)
数値を出席者全員で確認するため		A会議室 各テーブルの上に配布しておく
How To (どのように)	**How much** (いくら)	**How many** (どのくらい、いくつ)
プリントアウトして、クリップで留める	✓	参加者10名＋予備1部 合計11部

9マスの5W3Hシートをつくっておくと、メモが取りやすくなります

2 ホウ・レン・ソウの キホン

仕事をチームで円滑に進める上では、情報の共有が必須です。情報の共有のために心がけたいのが、ビジネスのコミュニケーションの基本といわれる「ホウ・レン・ソウ（報告・連絡・相談）」です。「ホウ・レン・ソウ」では、必要な情報を必要な相手に、わかりやすい形でタイミングよく伝えることが重要です。口頭、書面、メールなど、どんな手段がふさわしいかも考慮しましょう。

ホウ 報告

指示を出した人に対して、途中経過や仕事が完了したことを伝えます

・仕事の進行状況
・仕事の完了（結果）
・仕事でミスをしたとき
　　　　　　　　　など

レン 連絡

自分の組織の中、組織の外の担当者や関係者の間で情報共有します

・仕事内容や時間、場所などの変更
・社内の行事
・会議の議事録・決定事項
・不在時に受けた電話の内容
・出張の行き先や連絡先　　など

ソウ 相談

自分一人では判断ができないときや、職場での悩みなどを相談します

・仕事の進め方
・自分で判断ができないとき
・仕事での行き詰まり
・将来的な仕事の話
・職場での悩み　　など

報告の流れ

　指示を受けたら、指示をした人に直接報告してはじめて完了します。長期にわたる業務の場合、途中で中間報告をしていきます。指示をした人に催促される前に、自分から進んで報告するようにしましょう。

① 報告することを整理する
テーマ、事実と不明な点など、自分の考えをはっきりさせ、手段も考えて準備しましょう

結論は……。
経過は……。

② 相手の都合を聞く
相手に声をかけて都合を聞きます

今、お時間よろしいでしょうか。

③ 結論から述べる
最初に何の話なのかを伝え、結論から述べます

○○の件は△△に変更になりました。

④ 事実を説明する
憶測や意見を含めず、事実を話します。③の結論に至るまでの経過も伝えます

先日社内で検討されたところ、△△という意見が半数以上だったそうです。

⑤ 自分の意見を伝える
最後に自分の考えや見通しを話し、相手の意見を聞きます

これは私の考えですが、〜ではいかがでしょうか。

悪い話は早めに報告する
仕事の状況が悪くなったとき、ミスをしたときなどの悪い話は時間が経つほど言いにくくなるので、自分で抱えたり、判断したりせずに、早めに上司に伝えます。

悪い報告がありまして……

報告のポイント
・指示を出した人に直接報告する
・結論を最初に伝える
・事実と意見を区別して伝える
・書面を添えるとわかりやすい場合もある
・電話で報告した後は
　もう一度口頭や文書で報告する

連絡のポイント

●必要な情報を必要な人の間で共有する

仕事上の決定事項、変更などの情報は関係者との共有が欠かせません。また、お互いの所在を明確にしておくことで、お客様からの問い合わせなどの応対もスムーズになります

●確実に伝える

5W3Hを考慮し、正確に漏れなく情報を整理して伝えます。重要な用件は電話で伝えたとしても、その後直接伝える、またはレポートにまとめて伝えることで、確実に伝わります

●至急連絡をお願いされたとき

会議や打合せ中なら、お客様に一言断ってから用件を書いたメモを見えないように渡します

伝達ツールのメリットとデメリット

伝達手段	メリット	デメリット
口頭	・すぐに伝えられる ・相手の様子を見ながら話せる	・複雑な内容を伝えにくい ・相手に仕事を中断させてしまう
電話	・相手の声の調子が聞ける	・相手が不在の可能性がある ・数字や固有名詞などが間違って伝わる可能性がある
メール	・一度に多くの人に同じ情報を伝えられる ・金額や数字、固有名詞、連絡先などがわかりやすい	・送った後、確認を入れないと、相手が読んだかどうかがわからない ・機密情報や連絡先が転送される可能性がある
文書	・多くの人に同じ情報を伝えられる ・金額や数字、固有名詞、連絡先などがわかりやすい	・誰が見たかがはっきりしない ・機密情報の場合は扱いに注意が必要

相談は内容を選んで

　自分の判断で決められないことや職場の悩みは勝手な判断をせず、早めに上司や同僚に相談します。細かいことまで何でもすぐに聞くのではなく、まずは自分でよく考え、相談内容を整理してから、相手に時間をもらいましょう。

①相談内容を整理する
相談したい点、わかっている事実、自分の考えをまとめておきます。必要であれば資料を用意します

②相手の都合を聞く
相手に声をかけて都合を聞き、相談内容によって時間や手段を選びます

○○の件で、後ほど
お時間をいただきたいのですが。

③状況を説明する
最初に何の話なのかを伝え、自分が判断に迷っていること、困っていることをわかりやすく話します

今○○という
状況になっております。

④アドバイスを受ける
自分の考えを伝えた上で、アドバイスを受けます。大切なことはメモを取りましょう

貴重なご意見を
ありがとうございます。

報告をする
相談した相手には、どのような結果になっても必ず報告をし、お礼を述べます

先日はお時間いただき
ありがとうございました。
○○の件、無事終了
いたしました。
課長のアドバイスの
おかげです。
ありがとうございます。

これはNG

✗ 何を相談したいのかわからない
＝必ずまとめてから声をかけます

✗ 相手の都合を考えずに
　話しはじめる
＝決めた時間は超えないように気を配って

✗ 自分の考えがない
＝相談を受ける側も
　アドバイスができません

PREP法を応用しよう

　プレゼンテーションも含めて、自分の意見を主張する際に使えるのがPREP法です。PREPはPoint（結論）、Reason（理由）、Example（例）、Point（結論）の頭文字を取ったもの。この順番で話を組み立てると相手は理解しやすく、説得力が増します。また、文章の構成としても使えます。ふだんからPREP法の枠で考えると、自分の意思も明確になるのでお薦めです。

このAドリンクは
20代の若者におすすめです。

① Point（結論）
最初に結論を述べます。聞き手は話し手が何の話をするかが明確になります

理由を2つ説明します。
1つ目は……、2つ目は……。

② Reason（理由）
なぜそう思うのかという理由を簡潔に話します

Aドリンクを20〜29歳の100人に飲んでもらったところ、82人がまた飲みたい、72人が購入したい、という結果が出ています。

③ Example（例）
結論や理由に添うような、わかりやすい具体例を出し、相手に納得してもらいます。全体の中でストーリー性を持つ部分です

ですから、Aドリンクは
20代の若者に受け入れられます。

④ Point（結論）
最後にまとめとして、再度結論を繰り返し、主張を明確にします

どの仕事を優先させるべき？

　仕事には優先順位をつけて行わなくてはなりません。ただし、自分ではまだそこまで判断がつかないということもあるでしょう。どのように判断すればよいかを見てみましょう。

①直属の上司から今取り掛かっている業務以外の指示を受けた
現在行っている仕事の報告をした上で、どちらの仕事を優先するべきかを相談します。

②直属の上司以外から仕事を頼まれた
組織は部署ごとに役割が決まっているので、他の部署の仕事をすることで、指揮系統が乱れることもあります。まずは、直属の上司に相談します。

③仕事中に先輩から仕事を頼まれた
どちらの仕事を優先するべきか、上司に判断を仰ぎます。先輩に一言その旨を伝えて上司に相談すると、人間関係に波風も立ちません。

ミスをしたときの対処法

　ミスに気づいたら隠さずにすぐ報告し、謝罪します。そして、早急に対処して再発防止策をとります。ミスをしたときにも確実にホウ・レン・ソウで対応していくことで、迷惑を最小限に抑えることができます。

①上司に報告する
ミスに気づいたら、その場で謝罪し、客観的な事実を隠さずに丁寧に説明します

申し訳ございません。
実は○○の書類ですが、修正前のデータをお客様に送ってしまいました。

②判断を仰ぐ
自分で勝手な判断をしたことで、大きなトラブルに発展する可能性もあります。必ず、上司や先輩に判断を仰ぎます。リカバリーの対応は、判断に従います

③報告とお詫び
上司に結果を報告するとともに再度のお詫びとお礼を述べます

書類ご送付の件、先方に事情を説明し、納得いただけました。ありがとうございます。○○課長のフォローのおかげです。本当に申し訳ありませんでした。

④再発防止策を採る
ミスの原因を考えて、再び起こさないような方策をとります。上司にも相談します

二度と同じミスをしないように、準備と最終送付の段階で2回チェックしようと思います。ほかによいアドバイスがあれば……。

●お詫びのフレーズ

[社内]

このたびは大変なご迷惑をおかけして、本当に申し訳ありません。

[社外]

このたびは私どもの手違いで大変なご迷惑をおかけいたしました。深くお詫びを申し上げます。何卒事情をお汲み取りいただき、ご容赦のほどお願い申し上げます。

困ったときの対応

●期限内に仕事が終わらないとき

期限に間に合わないとわかった時点で上司に報告します。対応策としては、期限を延ばす、仕事をする人を増やす、全体量を減らすなどの選択になります。さらにどのくらいの期間が必要か、どうすればよいか自分の考えをまとめて相談します

明日でいいよ。

では、明日の午前中に必ず終わらせます。

＊期限を延ばしてもらったら、ギリギリの完成ではなく、できるだけ余裕を持って完成させましょう。

●自分の意見を言いたいとき

上司からアドバイスや意見を聞いているときに、違う意見があったとしても、相手の話を一旦受け止めた上で、クッション言葉（67ページ）も交えて自分の意見を言います。タイミングと場所も考えましょう

これは無理じゃないかな？

おっしゃるとおりですね。例えば、ここは……という方法はいかがでしょうか。

●残業に対応できないとき

残業を命じられても、自分しかできない仕事の場合は、できる限り対応しましょう。どうしても退社しなければならないときには、その旨と代替案をセットで話します。そのときの対応があなたの評価にもつながってきます

この仕事、今日中に終わらせてくれないかな？

大変申し訳ないのですが、本日はどうしても外せない用事があります。18時30分には会社を退出したいのですが、それまでのお時間でもよろしいでしょうか？

ホウ・レン・ソウの言い回し集

報 告

- **報告の基本**
  今、お話ししてよろしいでしょうか。
  ○○件で後ほどお時間いただけますでしょうか。
  ○○は今日、電話してみたところ、先方がまだ検討中で、
  明後日にはご連絡いただけるとのことでした。
  これは私の考えですが、△△はいかがでしょうか。

- **悪い報告**
  実は○○の仕事がキャンセルになりました。理由は‥‥‥です。
  手違いで○○が届かず、先方に迷惑をかけてしまいました。
  申し訳ございません。

連 絡

- **約束や時間を変えてもらうとき**
  ○日にA社様のアポイントが決定いたしました。恐れいりますが、
  ミーティングの時間を変更していただけませんでしょうか。

- **自分に関連する連絡をするとき**
  明日の朝ですが、直接○○社の打合せに参ります。

- **人からの連絡を伝えるとき**
  △△さんから電話があり、今打合せが終わり、今日はこのまま直帰すると連絡がありました。

相 談

○○のことについて、自分ではどちらがよいか決めかねるところがありまして、ご相談したいのですけれども、今、○○という状況になっていて、△△すべきかどうか迷っているところです。
それではまず、○○から実践してみます。
結果はまたご報告いたします。

5章

言葉遣いを マスターしよう

正しい言葉遣いは会話（コミュニケーション）を円滑に します。相手への敬意を示す敬語もあわせて マスターしましょう。

会話のキホン

business etiquette expression

　ビジネスでの会話は仕事の中身に関することが中心になりますが、それ以外の内容にも配慮が必要です。話題としては、相手にとって心地よいこと、個人的な価値判断を伴わないことを取り上げるといいでしょう。初対面の相手、目上の人には特に気をつけて話題を選びたいもの。また、聞き上手になることが相手との距離を縮めるコツです。

話題を上手に選ぼう

少し暖かくなりましたね。
そろそろ桜も見ごろになりそうで、楽しみです。

昨日はペットの犬の具合が悪くて、私も落ち込んでしまいました。病院に連れていったので、大丈夫だと思いますが……。

無難な話題	避けた方がいい話題
天気・気候	宗教
暦	政治
ニュース	健康状態
旅	暗い話題
友人や知人	他人の悪口
家族	相手のプライベートに踏み込んだこと（家族構成、年齢、体格、収入など）
ファッション	
食べ物	
住んでいるところや出身地	

2 敬語を使いこなそう

business etiquette expression

　敬語は、相手に対して「敬い」の気持ちを表現する手段であり、また話題にしている状況に関して相手の心情や立場を考慮していることを表すものでもあります。敬語を使うか使わないかという選択自体が、自分が相手や状況をどう捉えているかを表現することになるのです。社会人として必要な手段だからこそ、一日も早くマスターしましょう。

敬語は相手と自分の立場を明確にする

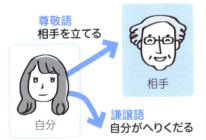

丁寧語とともに尊敬語と謙譲語を使うのが基本です

自分と相手の立場が同等のときには丁寧語を使うのが基本です

相づちの打ち方

　相手の話を聞いているときに自然に出てくる相づちは、話を盛り上げる役割があります。適切な言葉を選んで、タイミングよく切り出すことは、聞き上手になるためのコツです。覚えておきましょう。

いろいろな場面で	➡	「そうですか」「なるほど」「それはそれは」
感　心	➡	「よいですね」「さすがですね」
ねぎらい	➡	「お疲れ様でした」「大変でしたね」

敬語の種類

　敬語の種類については、尊敬語、謙譲語、丁寧語の3種類、もしくは3種類に美化語を加えた4種類と分類されていましたが、2007年に文部科学省文化審議会が「敬語の指針」を出しました。それによると、謙譲語がⅠとⅡに分けられ、5種類に分類されています。

●主語に注意すると使うべき敬語がわかる

① 尊敬語

相手側または第三者の、行為・ものごと・状態などを表す際に使う言葉。主語は相手や第三者で、自分には使わない

例）行為
いらっしゃる、おっしゃる、なさる、召し上がる

お客様が
いらっしゃいます。

例）ものごと
お名前、ご住所、お導き、お客様、貴社

例）状態
お忙しい、ご多忙、ご立派

 ご理解くださる。

② 謙譲語Ⅰ

自分側から、相手側または第三者への行為・ものごとなどをへりくだることで、相手側や第三者を立てる言葉。主語は自分や自分側

例）行為
伺う、お目にかかる、申し上げる、差し上げる、お届けする、お持ちする、お取りする

私が伺います。

例）ものごと
ご説明、ご案内

 ご案内致します。

※出典：文部科学省文化審議会『敬語の指針』
(http://www.bunka.go.jp/kokugo_nihongo/bunkasingi/pdf/keigo_tousin.pdf)

③謙譲語Ⅱ（丁重語）

自分の行為を話や文章の相手に対して丁重に話す。主語は自分や自分側

例）行為
参る、申す、おる、いたす

例）ものごと
小社、拙宅、
拙著（主に書き言葉で使う）

私が取って参ります。

 そういたします。

④丁寧語

話や文章において、丁寧な表現。主語は問わず使える

例
です、ます、ございます

～と思います。

こちらでございます。　　ありがとうございます。

⑤美化語

ものごとを美化する表現。主語は問わず使える

例
お酒、お料理、お天気、お茶、
ご飯など
「お」「ご」（いずれも漢字では「御」）を
つけた言葉、

直接的な表現を避けて、
より柔らかく美しい表現にするもの

お茶

御本　　　お酒

お手洗い
（「便所」の美化）

敬語の言い換え表

	丁寧語 （主に自分が主語）	尊敬語 （主に相手や第三者が主語）	謙譲語 （主に自分が主語）
する	します	なさる・される	いたす
いる	います	いらっしゃる	おる おります
行く	行きます	いらっしゃる・お出でになる・行かれる	参る・伺う 参上する
来る	来ます	いらっしゃる・お越しになる・お見えになる	参る 伺う
帰る	帰ります	お帰りになる	失礼する おいとまする
会う	会います	お会いになる 会われる	お目にかかる お会いする・お目通り
見る	見ます	ご覧になる 見られる	拝見する 拝見いたす
見せる	見せます	お見せになる	ご覧に入れる お目にかける
言う	言います	おっしゃる	申し上げる 申す
話す	話します	お話しになる 話される	お話しする お話しいたす
聞く	聞きます	お聞きになる 聞かれる	伺う・承る・拝聴する お聞きする
尋ねる	尋ねます	お尋ねになる お聞きになる	伺う お尋ねする

	丁寧語 （主に自分が主語）	尊敬語 （主に相手や第三者が主語）	謙譲語 （主に自分が主語）
読む	読みます	お読みになる	拝読する
知る 知っている	知ります 知っています	ご存じ	存じる・存じ上げる 承知する
わかる	わかります	おわかりになる	承知する かしこまる
思う	思います	お思いになる お考えになる	存じる 存じ上げる
食べる	食べます	召し上がる・お召し上がりに なる・お上がりになる・ お食べになる・食べられる	いただく 頂戴する
着る	着ます	お召しになる	着させていただく
与える	与えます	お与えになる 与えられる	差し上げる
もらう	もらいます	お受け取りになる	いただく・頂戴する・ 承る・賜（たまわ）る
買う	買います	お求めになる お買いになる	（なし）
借りる	借ります	お借りになる 借りられる	拝借する お借りする
受ける	受けます	お受けになる 受けられる	拝受する お受けする
持つ	持ちます	お持ちになる	持参する お持ちする

敬語の使い方は状況によって変わる

　敬語の使い方は、同じ1つの行為、ものごと、状態でも話す相手と場所によって変わります。典型的なのが同じ組織の人と話す場合と別の組織の人と話す場合の違いです。敬語では「上・下」だけでなく、「内・外」の区別が必要です。

● 登場人物

外部の人
鈴木さん（お客様）

山田課長

自分

状況1　山田課長と自分との会話

山田課長

山田課長が
おっしゃったように。
（尊敬語）

立てるべき相手は山田課長なので、尊敬語を使います

状況2　鈴木さん（お客様）との会話

鈴木さん（お客様）

課長の山田が
申し上げましたように。
（謙譲語）

山田課長がおっしゃった
ように。**（尊敬語）**

山田課長に対して尊敬語を使うと、立てるべき相手の鈴木さん（お客様）が下がってしまいます

状況 3　山田課長と自分との会話

山田課長

鈴木さんが
おっしゃったように。
（尊敬語）

この場合は鈴木さん（お客様）がいらっしゃらなくても、立てるべき相手は鈴木さんなので尊敬語を使います

間違いやすい二重敬語や敬語の連結

　尊敬語にさらに「られる」「される」のような尊敬を込めた表現を追加して使うのは、「二重敬語」と呼ばれ、過剰な敬語とされます。ただ、現在認められている二重敬語もあります。また二重敬語ではなく、「お読みになってくださる」のように2つの敬語を「て」でつなぐ「敬語の連結」もあります。

●間違った二重敬語と正しい言い方

✗ 部長がおっしゃられました　　○ 部長がおっしゃいました（尊敬語）

「おっしゃる」＋「られる」は二重敬語なので✗です

✗ お客様がおいでになられました　　○ お客様がおいでになりました（尊敬語）

「おいでになる」＋「られる」は二重敬語なので✗です

●習慣としてすでに定着している二重敬語（例）

　お召し上がりになる　　お伺いする　　お伺い申し上げる
　お見えになる　　お伺いいたす

●許容される敬語の連結

尊敬語 ＋ 尊敬語
お読みになって
くださる

尊敬語 ＋ 謙譲語Ⅰ
お読みになって
いただく

謙譲語Ⅰ ＋ 謙譲語Ⅰ
ご案内して
差し上げる

●敬語の連結の×と○

× 山田課長が私の家に伺ってくださった

× 山田課長に私の家に伺っていただく

山田課長の行為に対して「伺う」という謙譲語を使っているので間違いです

○ 山田課長が私の家にお越しくださった

山田課長の行為に対して「お越し」という尊敬語を使っているので○です

○ 田中さん(先輩)が山田課長の家に伺ってくださった

田中さんの行動を「伺う」と謙譲語にすることで、向かう先の課長を立てています。また、「くださった」が田中さんを立てているので○です

× 山田課長は私をご案内してくださった

× 私は山田課長にご案内していただいた

山田課長の行為に対して「ご案内する」という謙譲語を使っていることで私が高まってしまうため、間違いです

○ 山田課長は私をご案内くださった

山田課長の行為に対して「ご案内くださる」という尊敬語を使っているので○です

○ 田中さん(先輩)が山田課長をご案内してくださった

田中さんの行動を「ご案内する」と謙譲語にすることで、向かう先の課長を立てています。また、「くださった」が田中さんを立てているので○です

「お」と「ご」をつける場合と使い分け

「お」や「ご」は、美化語(「お酒」「ご飯」など)のほかに、自分の行為にもつけることがあります(謙譲語Ⅰ:「ご説明」「ご報告」など)。ただし、自分や自分側の行為やものごとに尊敬語を使うと間違いとされます(「私のお考え」「家族のご旅行」など)。

▶「お」と「ご」の違い

「お」は主に訓読みの言葉=和語(気持ち、考え、手伝いなど)、「ご」は音読みの言葉=漢語(相談、意見、伝言、報告など)に使われます。
ただし、「お時間」「お電話」「お化粧」のような用法は美化語として「お」が好まれます。

▶ 自然現象には使わない

また、自然現象(雨、風、雪など)、動植物の名前、建物や公園、乗り物などの公共物、外来語(ビールなど)、「あ」「お」「ご」ではじまる言葉(頭、奥様、誤解など)には「お」も「ご」もつけません。

相手や自分の呼び方を知る

　相手や自分、第三者などの呼び方を立場や状況に応じて変えるのも敬語のポイントです。また、呼称に関する敬語には相手や仕事先を大事にする気持ちが込められています。

●自分のこと・相手のことを主に自分の組織外で話すときの呼称

対象	相手や相手側	自分や自分側
本人	あなた様・そちら様	私（わたくし）・こちら・当方・私（わたくし）ども（複数のとき）
あの人	あの方・あちらの方	あの者
誰か	どちら様・どなた・どなた様	誰
同行者	お連れ様・ご同行の方	同行の者
父	お父様・お父上	父
母	お母様・お母上	母
夫	だんな様・ご主人（様）	夫・主人
妻	奥様	妻・家内
息子	ご子息・ご令息・お坊ちゃま	息子・せがれ
娘	お嬢様（お嬢さん）・ご令嬢	娘
子ども	お子様（お子さん）	子ども・子
祖父	おじい様	祖父
祖母	おばあ様	祖母
会社	貴社・御社	弊社・当社・私（わたくし）ども
役職	部長の〇〇様・〇〇社長	私（わたくし）どもの部長・弊社の社長・社長の〇〇
先生（教師や講師、医師など）	〇〇先生	〇〇と呼び捨て

3 ビジネスに適した言葉遣いをする

business etiquette expression

　ビジネスの場では、同じ意味を持つ言葉でもより硬い表現が好まれる傾向があります。例えば、「あっち」ではなく「あちら」、「さっき」ではなく「先ほど」というような言い換えが必要です。

●公的な表現への言い換え

普段	ビジネスの場	普段	ビジネスの場
あっち	あちら	さっき	先ほど
こっち	こちら	後で	後ほど
今日	本日	前に	以前(に)
あす	明日(みょうにち)	少し	少々
きのう	昨日(さくじつ)	少ない	些少の
おととい	一昨日(いっさくじつ)	多い	多大な
すぐ	早速・まもなく	一応	念のため
今	ただ今	じゃあ	では

●ビジネスの会話によく出てくる言葉

普段	相手側	自分側
文書	ご書面	書面・書類
訪問	ご来社・お越し・お立ち寄り	参上・ご訪問・お伺い
考え	ご意向・ご意見	私見・考え
理解	ご理解・お含み置き	承知・承る
贈り物	お品物・ご厚志	粗品・寸志
物や書類などの授受	お納め・ご笑納	拝受
自宅	お住まい・ご自宅	住まい・自宅

言いにくいことを和らげるクッション言葉

　ビジネスの場では、言いにくいことも伝えなければなりません。そんなときに役に立つのが「クッション言葉」です。悪いニュースや強い要求を和らげて伝えることができます。

●断るときに

あいにく

残念ですが

せっかくですが

●否定するときに・依頼するときに

（誠に）恐れ入ります（が）

（誠に）失礼ですが

（誠に）お手数ですが

お手数をおかけします（が）

ご面倒をおかけします（が）

（誠に）勝手を申し上げますが

ご足労をおかけします（が）

早速ですが

差し支えなければ

よろしければ

●反論（反対意見）するときに

おっしゃる通りですが

お言葉を返すようですが

おっしゃることはわかりますが

●命令形を依頼形にして表現

✗ こちらにご記入ください。
➡ お手数ですが、こちらにご記入いただけますでしょうか。

✗ これをお渡しください。
➡ こちらをお渡しいただけますか。

●否定形を肯定形や代案にして表現

✗ ○○はおりません。
➡ あいにく○○は席を外しております。
　戻り次第、こちらからお電話しましょうか。
　よろしければご伝言をどうぞ。

✗ できません。
　申し訳ございません。
➡ あいにく○○はいたしかねます。
　☆☆ではいかがでしょうか。

　ビジネスの場で間違いやすい表現を確認しておきましょう。

普段	ビジネスの場
すみません	申し訳ございません
やります	担当いたします
お世話様です	お世話になっております

俗語を避けよう

　ビジネスの場では俗っぽい言葉を避けるべきです。学生時代には許された、あるいは慣れ親しんだ言い方も、社会人になったら、それでいいのかどうか考えてみましょう。

●ビジネスでは使わない言葉

超	あり得ない
ヤバイ	むかつく
マジで	☆って感じで

マジでむかつく〜！

●いわゆる「バイト語」は使わない

✕	→	○
よろしかったでしょうか。		よろしいでしょうか。
お茶になります。		お茶でございます。お茶です。
☆円からお預かりします。		☆円お預かりします。

●あいまいな表現を避ける

✕	→	○
部長のほうから回答のほうをさせていただきます。		部長の〇〇から回答させていただきます。
会社的には		弊社といたしましては
〇〇みたいな		〇〇〇のような
〇〇かも		〇〇です

●同意を疑問形で求めない

✕	○
これって☆☆じゃないですか。	これは☆☆だと思います。

●不自然に語尾を上げたり、伸ばしたりない

| ☆してもいいですかあ〜？ | ☆☆ですよねえ？ | 私（わたし）の〜 |
| | | あの〜 |

「ら抜き言葉」「さ入れ言葉」は耳障り

よくある敬語の間違いで「ら抜き言葉」「さ入れ言葉」があります。「ら抜き言葉」は若手層を中心に一般化していますが、間違った表現とされています。また、「さ入れ言葉」にはルールがありますので、基本を押さえておきましょう。

●ら抜き言葉はやめよう

見れない	→	見られない
来れない	→	来られない
抜けれない	→	抜けられない
開けれない	→	開けられない
閉じれない	→	閉じられない
食べれない	→	食べられない

●さ入れ言葉にも気をつけて　五段活用の動詞には「さ」を入れない

読まさせていただきます。	→	読ませていただきます
休まさせていただきます。	→	休ませていただきます
置かさせていただきます。	→	置かせていただきます

ただし、五段活用の動詞ではない場合は使える
○ 着させていただく
○ 受けさせていただく

×急がさせて申し訳ありません
→　○急がせて申し訳ありません

役職ピラミッドを知っておこう

　一般的な会社は、取締役を筆頭にして、一般社員までの役職がピラミッドのような構造になっていることがほとんどです。その役職は「経営陣」「管理者」「監督者」といった層でくくることができます。ただし、最近は役職を置かない会社も増えており、その場合はプロジェクトやチームごとに「リーダー」などのまとめ役を置き、そのチーム内ではすべて「さん」づけで呼び合うこともあります。

初対面でも相手の心をつかむ会話術

① はじめと終わりのあいさつは重要
多少会話の中身に不安があっても、最初と最後のあいさつをキチンとすることで、相手によい印象を持ってもらえます。

② 会話の目的を意識する
自分に視点が向いていると、緊張して早口になったり、支離滅裂な話になったりしてしまいます。会話の目的にフォーカスすることで、視点を自分から相手に向けることが大切です。

③ 相手との共通点を探す
はじめて会った人と、出身地が同じだったり、同じ大学だったりといった共通点が見つかると、なんとなく親しみを覚えた経験はありませんか？ 初対面で緊張しているのは相手も同じです。自己紹介などで、相手が興味ありそうだと思う話題を盛り込んで、共通点を見つけてみましょう。

例） 出身地、学生時代のサークル、趣味、家族構成など
また、「今日は一段と寒いですね」といった、天気の話題などは、相手から共感してもらえる可能性が高いので、最初に取り入れるとよいでしょう。

雨が降って冷え込みますね。

④ 丁寧な言葉遣い
ビジネスの場では、相手が同世代でも、仲よくなっても、なれなれしい言葉遣いは避け、丁寧な言葉遣いを使います。

6章 電話応対を身につけよう

部署にかかって来た電話を取るのは新人など、
若手の仕事と見なされています。
会社の顔として、しっかりと応対しましょう。

電話のキホン

business etiquette
telephone

　通常、電話で話すとき、電話の向こうの人はあなたが新人だということを知りません。それだけに、あなた自身の応対が、組織の代表として判断され、その応対が第一印象になります。電話を受けるときもかけるときも丁寧に、信頼できる人物や組織だと思ってもらえるような電話の応対を心がけましょう。

受けるときも かけるときも 電話で話すときのポイント

① 明るい声ではきはきと
顔が見えないぶん、明るく、少し高いトーンで話すと印象がよくなります。口を指が3本入るくらいの大きさに開けることを意識して、大きく動かします。早口にならず、ゆっくり話すことも大事です

② 姿勢を正す
背筋が伸びていると声がはっきり出ます。ほおづえをついたり、うつむいたりすると声が出にくくなります。電話中は相手に集中し、周囲の人に話しかけるのもやめましょう

③ 相手のことを考える
電話ではとくに「迅速」「正確」「簡潔」であることが求められます。また、相手のことを考えた丁寧な応対を心がけましょう

④ メモと筆記用具を準備しておく
電話のまわりにはペンとメモ用紙を用意します。電話を受けるときだけでなく、かけるときにもメモは必要です。時計とカレンダーもすぐ見られるようにしておきます

電話のメモを準備しておく

電話を受けるときにも、かけるときにもメモは必要です。伝言メモはキレイな字で書くようにしましょう。とくに数字やアルファベットの書き分けや日時、固有名詞の間違いなどに注意しましょう。

```
┌─伝言メモ─┐
月 日 : 頃（    受）
_____様へ
_____様より
□ お電話がありました
□ またお電話します
□ 折り返しお電話ください
□ 伝言を承りました
..................
..................
..................
```

伝言メモは1件の電話に1枚のメモで1つの用件を書くのが原則です。伝言メモのテンプレートがあると便利です

メモに書く項目

- 電話を受けた日にちと時刻
- 取り次ぐ同僚や上司の名前
- 自分の名前
- 電話をかけてきた人の名前、組織名、部署名（漢字がわからないときにはカタカナで）
- 電話をかけてきた人の連絡先
- 伝言の内容（5W3H 46ページ参照）
- 折り返し電話するのか、再度電話をもらえるのか

3コール以内に出るのはなぜ？

かかってきた電話は3コール以内に出るのが原則です。3コールは大体10秒ぐらいに相当し、それ以上待たされると「待たされている」と感じてしまうそうです。せっかくお電話いただいた方を待たせないためにも、3コール以内に出ることを心がけましょう。やむを得ず4コール以上になった場合は、「お待たせいたしました」の一言を添えましょう。

● コール3回まで

お電話ありがとうございます。
○○でございます。

● コール4回以上

お待たせいたしました。
○○でございます。

基本の電話の受け方

　電話応対は、相手の顔が見えないぶん、相手の声を聞き取り、迅速に応対することが求められます。基本のパターンを押さえて、感じのよい電話応対を身につけましょう。固定電話の回線が複数あり、代表電話にかかってきた場合は「会社名」を、部署等の直接番号にかかってきた場合は「社名と部署名」を名乗るとよいでしょう。内線電話については83ページを参考に。

① 電話を取る

受話器はメモを取りやすいように利き手と反対側で取ります。始業間もない時刻なら「おはようございます」と取るのもOK。「お電話ありがとうございます」という場合もあります

○○株式会社営業部でございます。

② 相手の名前などを復唱して確認する

相手の名前や会社名を聞き取り、「○○社、△△様でいらっしゃいますね」と復唱し、「お世話になっております」と応えます

取り次ぐ場合

③-1 取り次ぐ相手がいる場合

取り次ぐ場合は、「○○部の△△ですね」と取り次ぎ先を復唱して確認してから「少々お待ちください」と電話を保留にして取り次ぎます

○○部の△△ですね。少々お待ちください。

取り次ぐときには電話相手の名前や所属、相手から用件を聞いたときには、それも伝えます

自分にかかってきた場合

次のように言って話しはじめます

○○です。お世話になっております（お電話ありがとうございます）。

電話応対を身につけよう | 074 | 075

③-2 取り次ぐ相手が不在の場合

下の「取り次ぐ相手が不在時の文言集」を参考に答えます。伝言や連絡先は必ずメモを取り（73ページ）、相手から後ほど連絡をもらう場合も電話があったことをメモに残します

メモの内容は復唱します。

「復唱いたします。」

「〇〇が戻りましたら、申し伝えます。」

④ 電話を切る

「それでは失礼いたします。」

あいさつして電話を切ります。基本的にかけたほうが切りますので、相手が切るのを待ってから切りましょう。もしも先に切る場合は、手でフックを押しながら切ります。メモは取り次ぎ先のデスクに届けます

自分が取り次いでもらったとき

「はい、お電話替わりました。〇〇です。お待たせしました。お世話になっております。」

と言ってから、電話に出ます

取り次ぐ相手が不在時の文言集

あいにく〇〇は席を外しております。
戻りましたらこちらからご連絡いたしましょうか。

あいにく〇〇は外出しておりまして、
△時に戻る予定でございます。
（あるいは、本日は戻らない予定でございます）。

あいにく〇〇は他の電話に出ております。
終わりましたらこちらからご連絡いたしましょうか。

あいにく〇〇がただいま打合せ中です。
お急ぎでしょうか。

＊急いでいるときには会議室に内線を回すか、用件を書いたメモを持っていって指示を受けます

迷ったときの応対

電話を受ける際には、さまざまな応対が求められます。いろいろなシーンを想定して、どのように応対すればよいかを考え、シミュレーションしてみましょう。

●相手の声が小さいとき

申し訳ございません。
お電話が遠いようです。
もう一度
おっしゃって
いただけますか。

聞き取れないことを、素直に伝えます

●担当者の携帯電話の番号を聞かれたとき

個人の携帯電話番号は基本的に教えません。相手が急ぎであれば、連絡先を聞いた上で該当者から折り返し電話をする旨を伝え、該当者に連絡を取ります

○○より
折り返し
ご連絡いたします。

●取り次ぐ相手がすでに退社しているとき

本日は退社
いたしました。

どう答えたらいいかわからないときには「少々お待ちください」と保留にして、先輩や上司に相談しましょう

●相手の名前を聞き漏らしてしまったとき

恐れ入りますが、もう一度
お名前をお聞かせ
いただけますでしょうか？

率直に名前を尋ねます

●問い合わせに答えられないとき

私ではわかり
かねますので、後ほど
確認して
ご連絡いたします。

わからないときにはごまかさずに答え、必ず後で連絡します

●間違い電話

恐れ入ります。番号をおかけ違いのようですが、こちらは○○社で、電話番号は□□□です。どちらへおかけでしょうか。

番号や組織名、部署名を確認します

●上司や同僚の家族からかかってきたとき

いつもお世話になっております。
同じ部署の○○です。

上司や同僚は「さん」づけ、あるいは役職名で名前を呼び、取り次ぎまたは伝言やかけ直しなどの意向を聞きます

組織の内情や個人的なことは上手に言い訳を

　電話を取り次ぐ際に、個人的なことなど、明確に伝える必要がないこともあるでしょう。また、取り次ぐ理由がわからない電話などは、上手に断ることも重要です。

● 取り次ぐ相手が遅刻したり、トイレに行ったりしている
　⇒「席を外しております」「外出中です」などと伝えた上で、伝言やかけ直しなどについて聞きます

● 取り次ぐ相手が休んでいる
　⇒ 休んでいる理由を言う必要はありません。不在にしていることと出社のめどを伝え、「替わりに承りましょうか」など、自分が答えられる範囲で応対しましょう

● セールスの電話・いたずら電話
　⇒ セールスの電話は断り、静かに切ります。いたずら電話は「業務中ですので失礼します」と一言で切りましょう。しつこければ上司に相談し、替わってもらうのも方法です

電話で話す内容を知っていれば怖くない

仕事における電話の機能は次のとおりです。

① 相手の今の状況を知る
　（名前や部署、用件を含めて）
② こちらの状況を知らせる
　（名前や部署、用件、取り次ぐ相手がいるか不在かなどを含めて）
③ 相手が今、この電話で望んでいることを確認
④ 相手が望む状況にどこまで応えられるかを伝える
⑤ こちらが今、この電話で（あるいは仕事で）相手に望んでいることを伝える

これらを意識していれば、電話の受け答えも自然にうまくできるようになるでしょう。

（吹き出し）○○は席を外しております。戻りましたら、こちらからご連絡いたしましょうか？
（思考）相手が望んでいる応対は？

クレーム電話への対応

　電話でのクレームは、まずは謝罪、相手の話をよく聞く、相手の名前や連絡先を聞く、内容を復唱する、適切な担当者につなぐ、というステップを踏みます。誠意を持って対応するよう心がけましょう。

●クレーム応対の4ステップ

① 相手の言い分を聞き、まず謝る

ご迷惑をおかけして申し訳ございません。
恐れ入りますが、状況を詳しく
お聞かせいただけないでしょうか。

② 相手の名前や連絡先を聞き、復唱する

私、○○と申しますが、
恐れ入りますが、ご連絡先を
お聞かせいただけませんでしょうか。

③ 担当者がいる場合

適切な担当者に取り次ぎます。担当者にはクレームであること、相手の名前や所属、連絡先、聞き取った内容を伝えます

担当者に
替わりますので、
少々
お待ちください。

③ 担当者がいない場合

電話の相手に担当者が不在で、後ほど連絡することを伝えます。自分の名前を相手に伝えて、電話を切り、すぐに担当者に伝言メモや電話などで連絡します

担当者から折り返し
お電話いたします。

●クレーム電話でとくに注意したいこと

▶ 何よりも
相手の気持ちに
配慮し、
真面目な態度で

▶ 自分で判断
できないことは
勝手な判断をせず、
担当部署や
上司に相談する

▶ 話は最後まで聞く

▶ 名前や連絡先を復唱して、
間違えないよう

▶ 声のトーンを落とす

▶ 否定的な言葉、
遮る言葉を使わない

▶ 笑い声が聞こえると
印象が悪いため、
周囲にも合図して
静かにしてもらう

こんな言葉はNG
×「そんなはずはないのですが」 ×「ちょっと待ってください」 ×「それは違います」
×「それは○○ですよね」 ×「でも」 ×「だって」 ×「はぁ～?」 ×「普通、○○です」
×「絶対○○しません」 ×「そのとおりであれば、うまくいかないはずはないのですが」

聞き間違いを防ぐ工夫を

価格や日付などの数字、アルファベット、固有名詞などは聞き間違えるとその後の対応に支障が出ることがあります。間違いやすいものは気をつけて聞き取り、確認するようにします。

●数字
1「いち」と4「し」と7「しち」 ➡ 「いち」「よん」「なな」
午後1時と午後7時 ➡ 13時と19時

●人名
近いに藤の近藤さん

●アルファベット
BとCとDとEとT
➡ 「bookのb」「車のcarのc」
「deskのd」「食べるeatのe」
「talkのt」などと単語を
引き合いにして確認します

●そのほか間違いやすい漢字の例
川と河 ➡ 「三本川の川」「さんずいのつく河」
島と縞 ➡ 「islandの島」
「縦縞(たてじま)の縞」
橋と端 ➡ 「bridgeの橋」
「端っこの端」

基本の電話のかけ方

　電話をかける際は、相手の所属部署、名前、話したい内容などをまとめてから電話をかけるようにしましょう。相手が出たら、自分の会社名と名前を伝えてから、相手の名前を伝えます。相手が不在の場合は、戻り時間を確認しましょう。

① メモや資料を用意

電話をかける前に、メモ用紙や筆記用具、資料を用意し、カレンダーや時計も見られるようにしておきます。あらかじめ話す内容を確認し、話題にする順番を決めておきます

② 電話をかけ、自分の名前を名乗る

電話がつながったら、最初に自分の所属と名前を言います。電話はかけたほうから名乗るのが原則です。

○○社の△△です。
いつもお世話になっております。

はじめまして。突然お電話で失礼いたします。私（わたくし）、○○社の者の△△と申します。

③ 取り次いでもらう

相手に取り次いでもらうときには、「ありがとうございます」「よろしくお願いいたします」などとあいさつします

恐れ入りますが、△△部の○○様はいらっしゃいますか？

④ 相手と話す

社名と名前を名乗り、原則的には結論から話します。話が長くなるとき、相手が急いでいる場合にはかけ直します。電話が長いと判断される時間の目安は3分間です

お忙しいところ恐れ入ります。○○の件でご連絡いたしました。今お時間よろしいでしょうか。

かしこまりました。では後ほどかけ直しいたします。何時ごろがご都合よろしいでしょうか？

⑤ 相手が不在のとき

82ページを参考に。不在の際は、①折り返す（場合によっては電話があったことだけを伝えてもらう）、②伝言をお願いする、③かけ直してもらうなどを依頼します

> かしこまりました。
> では後ほどかけ直します。
> 恐れ入りますが、
> 何時ごろお戻りでしょうか？

> 恐れ入りますが、
> 伝言をお願いして
> よろしいでしょうか。

⑥ 電話を切る

電話はかけたほうが先に切るのが原則です。ただし相手が取引先、目上であれば自分がかけたとしても相手が切ったのを確認してから切るほうがいいでしょう

> ありがとう
> ございました。
> よろしく
> お願いいたします。

電話をかける時間にも配慮を

忙しい時間には落ち着いて話すことができません。電話をかける時間帯にも配慮をしましょう。どうしても仕方がなく電話する場合は、「お忙しい時間帯に申し訳ございません」などと一言添えます。

● 避けたほうがよい時間帯

▶ 始業時刻や終業時刻に近いとき、すぐ後

▶ 昼休み、休憩時間　　▶ 就業時間外

▶ サービス業の場合には、お客様の多そうな時間帯

> 早朝に失礼いたします。

> 夜分に申し訳ございません。

相手が不在のときの3つの選択

電話の相手が不在の場合、①自分から改めて電話をかける、②用件を伝言してもらう、③折り返し電話をもらう、といった選択があります。それぞれを見てみましょう。

① 自分から改めて電話をかける

こちらからの依頼、謝罪をする場合では、必ず自分から改めて電話をかけます。なかなか相手がつかまらない際は、電話があったことを伝えてもらうといいでしょう

② 用件を伝言してもらう

つかまりにくい相手に対してや、急いで伝えたい内容は、伝言として残しておきます。重要な案件であれば、必ず確認が必要になります

③ 折り返し電話をもらう

行動が不規則な相手や、先方から「こちらからお電話いたしましょうか?」と提案があった場合はお願いしましょう

電話があったことをお伝え願えますか?

● 電話があったことを伝えてもらう

込み入った用件、確認すべきことがある場合で、連絡を取りたいことをアピールするには、この方法が一番シンプルで効果的です

電話を折り返すのはどっち?

電話を折り返すのは、受けるほうか、かけたほうかと悩むことがあるかもしれません。まず、かけたほうに用事があってかけたのであれば、「かけ直す」のが基本です。とはいえ、自分が不在だった場合は、相手にお手数をおかけしてしまったのですから、受けた側でも「かけ直す」という配慮は必要です。内容や状況によってスマートに対応しましょう。

内線電話の受け方・かけ方

　内線電話の応対は、外部からの電話応対と基本的には同じですが、それほど堅苦しく考えなくてもいいでしょう。上司や同僚は「さん」づけ、あるいは役職名で呼びます。

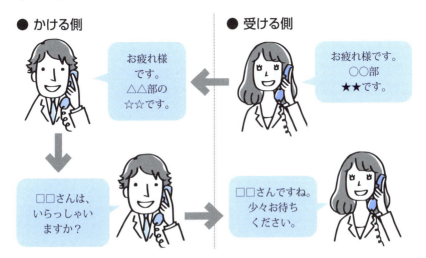

話したい人が会議中であったり、席を外しているといった、社内での離席の場合は改める旨伝え、会議の終了時間、または1時間ほどしてから再度内線電話をかけます

意外に電話で依頼される道案内

　取引先や顧客が自分の組織を訪問する際に電話でアクセスを聞かれることがあります。普段から目安となる建物について答えられるようにしておき、スマホやタブレットで見たときに「アクセス」が自分の組織のホームページ上のどこに掲載されているかも確認しておくといいでしょう。
　「今、どちらにいらっしゃいますか」「どのような交通手段をお使いですか」などと的確な質問をして誘導します。

ふだん使う言葉はビジネスではNG

ふだん使う言葉	相手に使う言葉
私(わたし)、僕	私(わたくし)
(相手先の)担当者	ご担当の方
うちの会社	私(わたくし)ども、我が社、当社、弊社
あなたの会社	御社、貴社、そちら様
いません	おりません、あいにく席をはずしております
外出しています	外出(いた)しております
知りません、わかりません	ただ今、確認いたします
	ただ今、確認して後ほどご連絡(いた)します
ありません	申し訳ございません、ただ今、切らしております
	申し訳ございません、ただ今、こちらのみとなっております
できません	申し訳ございませんが、いたしかねます
やります	いたします
何でしょうか	失礼ですが、どのようなご用件でしょうか
	失礼ですが、ご用件をお聞かせいただけますでしょうか
どうしましょうか	いかがでしょうか
	いかがいたしましょうか
何とかしてください	ご配慮いただけませんでしょうか
知っていますか	ご存じでしょうか
わかりました	承知(いた)しました、
	承りました、かしこまりました
わかりましたか	おわかりになりましたでしょうか
そうです	さようでございます
その通りです	さようでございます、ごもっともでございます

ふだん使う言葉	相手に使う言葉
ちょっと待ってください	少々お待ちください
	少々お待ちいただけますか
後で電話します	後ほどこちらから(改めて)お電話(いた)します
後で電話してください	お手数ですが、後ほど電話をかけ直していただけますでしょうか
	お手数ですが、もう一度お電話いただけますか
声が聞こえないのですが	恐れ入ります、少々お声が遠いようです
来てください	ご足労いただけますでしょうか
	お越しいただけますか

電話の周囲では静かに

電話は集音効果が高く、周囲の話し声や物音を拾います。電話相手に、こちらの笑い声、怒鳴り声、雑談などが聞かれてしまうと、組織の印象を悪くします。特にクレーム電話の応対時などは、周囲の話し声などが、さらにトラブルを招くことになりかねません。誰かが電話で話している場合、その周囲では静かにしておきましょう。

「すみません」はNG

謝罪などでよく使われる「すみません」はビジネスシーンにおいてはNGです。次の言葉で必ず置き換えるようにしましょう。

▶ 申し訳ございません

▶ お手数ですが　　▶ 恐れ入りますが

なお、「申し訳ない」は、敬語ではありません。また、「ごめんなさい」は、相手に許してもらうことを要求する言葉なので、ビジネスシーンの謝罪では使えません。

2 携帯電話でのやり取り

business etiquette telephone

　会社用の携帯電話を支給されている人もいますが、まだまだ私用の電話であるという印象を与えます。個人の携帯電話は、緊急時以外は使用せず、仕事中はマナーモードか電源を切っておきましょう。また、会社から支給された携帯電話であれば、常に電源を入れ携帯しましょう。

携帯電話を使うときに気をつけること

●声の大きさと内容に注意

携帯電話は、どこからでもかけられるという便利さの一方、話す内容が不特定多数に聞かれてしまいます。仕事の話や機密事項を歩きながら会話するのはやめましょう

●時計替わりにしない

携帯電話をちらちら見ると、仕事に集中していない印象を与えます。時計替わりにしないようにします

●仕事中は電源を入れる

勤務時間中は電源を入れておき、会議中などマナーモードを使います。着信音がラフになりすぎないようにし、非通知設定になっていないかもチェックしておきます

●静かな場所で話す

携帯電話はかける場所によって相手が聞き取りにくい場合があります。静かな場所からかけましょう。道路では端に寄る、お店からは出る、会議中は外で、と場所を考えましょう

●支給された携帯電話を私用に使わない

組織から支給されている携帯電話は私用には使わず、SNSへのアクセスもしないようにします。また、個人の携帯電話でも電話するのは就業時間外か休憩時間に

●携帯メールは原則的に使わない

携帯メールでは仕事の連絡をしないのが原則です。やむを得ず携帯メールで連絡する場合も絵文字やアバターなどは使わないようにします

●電話代にも配慮を

会社から支給されているとはいえ、携帯電話の通話にはコストがかかっているという意識も大切です。不要な通話は控えるようにしましょう

携帯電話で使えるフレーズ集

　携帯電話での応対は、通常の電話応対と変わりません。相手に対する気配りを忘れないようにします。かけるときは一言了解を得る、かかってきた場合に都合が悪い場合は自分から折り返すようにしましょう。

●最初のあいさつ

会社と同じように、社名、名前を名乗り、要件をはっきりと伝えます。また、一言了解を得てから、話を切り出すようにします

> △△社の○○と申します。□□の件でお電話しました。ただ今、お話ししてよろしいでしょうか。

> △△社の○○と申します。先ほどお電話をいただいたようなので、今、少々よろしいでしょうか。

●携帯電話にかかってきたが、都合が悪いとき

自分の携帯電話に電話がかかってきた際、都合が悪い場合は折り返すようにしましょう。また、折り返す場合は、その時間まで伝えます

> 恐れ入ります。ただ今、外出先ですので、1時間後にかけ直してもよろしいでしょうか。

> 申し訳ございません。今、電車に乗っておりますので15分後にかけ直します。

●相手の状況に配慮する言葉

話の前には、「朝早くに失礼いたします」「夜分に申し訳ございません」といった配慮の言葉を添えましょう。また、緊急の用事以外では午前9時前、午後8時以降に連絡をするのは控えましょう

> 外出先にまで電話をしてしまい、申し訳ございません。

●留守番電話の場合

留守番電話であれば、名前と用件を短く入れます。必要であれば連絡先も録音します

> ○○社の△△です。お世話になっております。□□の件、資料をメールで送りますのでご検討ください。

自分からできる仕事をしよう

　新入社員や若手の転職者は、入社してすぐに即戦力として仕事ができるわけではありません。それでも自分からできる仕事はたくさんあります。
　例えば、電話応対をするために、自分の組織の取引先リストを作っておきましょう。取引先にどんな会社があるのかは、先輩などに聞いておきます。また、一度受けた電話の話し手は取引先リストに加えておき、二度目に電話がかかってきたときには、スムーズに取り次げるようにしておきましょう。
　また、組織の一員として、電話の相手から組織について質問された場合に、すぐ答えられるようにしておきましょう。電話の相手からすれば、「知っていて当然」のことは、「知りません」では済まないのです。

所属する組織について知っておくべきこと
- ▶設立年月日　　▶代表者名　　　　▶社員数
- ▶経営理念　　　▶住所／電話番号　▶最寄駅
- ▶主な事業　　　▶社員の平均年齢

7章 来客応対の基本を知ろう

組織の印象は、来客に対する応対で決まります。
組織の代表として、
相手の立場を考えて行動しましょう。

1 受付と案内のキホン

business etiquette
hospitality

　お客様がいらっしゃったら、自分が忙しくても立ち上がって、笑顔でスピーディーに応対しましょう。あいさつ、相手の名前と社名を聞く、担当者につなぐ、案内するというシンプルな流れですが、意外とさまざまな配慮が必要になります。あなたのお客様への応対が、会社の印象を決めます。つねにお客様の立場に立って行動しましょう。

お客様に対する受付の基本

① まずは明るくあいさつ
いらっしゃったらすぐに立ち上がって出迎え、あいさつします

　いらっしゃいませ。

② 名前を尋ねて確認する
相手の所属と名前、面会の希望者を聞き、復唱します

　失礼ですが、お名前をお伺いしてよろしいでしょうか。

　○○社の△△様でいらっしゃいますね。

③ アポイントの有無を確認する
アポイントがあるかどうかを確認します。アポイントがなければ、用件を尋ねます

お約束をいただいておりますでしょうか。

アポイントがある場合
　△△様、お待ちしておりました。

アポイントがない場合
　失礼ですがどのようなご用件でいらっしゃいますか。

④ 担当者に連絡し、指示に従って応対する

内線電話などで、担当者にお客様がいらっしゃったことを伝えて、指示を仰ぎます。どれぐらいで来られそうかを聞いておきます

内線電話で

○○社の△△さんがいらっしゃっています。

お客様に

□□はまもなくこちらに参ります。

迷ったときの応対

●担当者が10分ほど遅れてしまう場合

➡ 「申し訳ございません、△△は所用が長引いており、10分ほどお待ちいただきたいと申しております。○○様のご都合はいかがでしょうか」と尋ね、応接室に通します

こちらに座って
お待ちください。

●担当者が30分ほど遅れてしまう場合

➡ 同じ部署などで別の人に応対をお願いします。お客様が帰られる場合は、担当者に伝言がないかを確認し、伝言はメモを取って復唱し、担当者に届けます

●担当者が取り次いでもらいたくない場合

➡ アポイントがないときは、担当者が取り次いでもらいたくないことがあります。担当者に都合を聞いた上で、「外出中です」などと応対します

●書類などを渡された場合

➡ 「お預かりいたします。○○部の☆☆に渡します」と復唱し、お客様の名前や時刻などをメモして、お客様が帰られたらすぐに届けます

●何組かお客様がいる場合

➡ 先着順に応対します。後ろに重要な人物がいても、先着順が原則です

●自分のお客様の場合

➡ 面会の場所をあらかじめ確保しておきます。簡単な書類の受け渡しくらいであれば、受付などで受け取ってもかまいません

お客様のご案内

　お客様をご案内するときには、「○階の会議室へご案内いたします」などとこれからどこに向かうのかをあらかじめ知らせます。どちらにご案内するのか明確にしておくことで、お客様が安心して移動することができるからです。取り次ぎに時間がかかったら、まず「お待たせしました」とあいさつしてから、「お荷物をお持ちしましょうか」「傘はこちらへどうぞ」などの気配りも必要です。

① お客様を案内します

廊下ではお客様に背中を向けず、基本は左側を歩きます。お客様の歩調に合わせ、2、3歩先を歩くイメージで。曲がり角ではお客様を確認しながら曲がります。天気などの無難な話題を選び、会話するといいでしょう

2階の会議室にご案内いたします。

② 指は揃えて示す

手先は意外と見られているものです。方向を示す際は、5本の指を揃えておきましょう。また、視線も手先に向けます

いろいろなご案内方法

●エレベーターで

エレベーターのボタンを押し、ドアを開けてお客様に先に乗ってもらいます。人数が多いときには自分が先に乗って「開」ボタンを押し、自分が最後に降ります

どうぞ、お乗りください。

●階段で

目的の階を知らせ、お客様に手すり側に。降りるときには自分が先になり、上るときはお客様が先になる場合もあります。お客様より目線が高い位置にならないようにします

●部屋へ

ドアをゆっくりと2回、もしくは3回ノックして、確認してからドアを開けます。内開きドアなら自分が先に入りドアを押さえ、外開きドアならドアを開けて支え、お客様に先に入っていただきます

●ご案内が済んだら

ドアの前で一礼し、ドアを閉める前にも一礼すると丁寧な印象です

2 席次を知ろう

business etiquette
hospitality

　会議や会食の場、乗り物の座席には序列（席次）があり、身分の高い人やお客様が座る席が上座（かみざ）、訪問を受けた側、もてなす側、雑用をする係が座る席が下座（しもざ）と決められています。席次はビジネスの場ではとくに重要視されています。お客様をスムーズに案内できるように、席次を覚えておきましょう。

●席次の目安

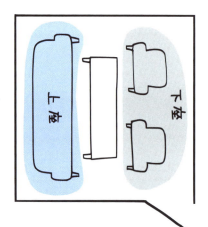

●上座
入り口から遠い
長椅子や
ゆったりしたソファ
窓の景色や絵画などが
見られる
事務机からは遠い

＊お客様が遠慮して下座に座ろうとした場合には、「こちらにおかけください」と上座の席をすすめる

●下座
入り口から近い
肘掛け椅子

＊下座に座るとき、組織内に複数の人がいる場合は、役職の高い人から上座に近い場所に座る

こんなときどうする Q&A

Q お茶を出す順番は？

A　お茶はお客様から出し、さらに席次順に出します。担当者が来る前にお客様だけに出す場合は「担当者が少し遅れますので、お茶を飲んでお待ちください」という意味です。また、両方に出す場合は、「担当者はすぐ参ります」の意味です。

Q 自社の応接室の上座がわからない

A　基本は入り口から遠い席と覚えましょう。あえて遠い席に長椅子などが置かれている場合などは、社内の人に確認しておきましょう（飾ってある絵が見える、自慢の景色を楽しんでいただきたいなどの配慮があることも）。

席次の例

●応接室

入り口から遠いところから、来客のうちの役職の高い順番に座ってもらいます。入り口に近いところが下座です

●応接コーナー
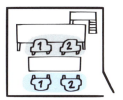
事務机が見える席が下座ですが、パーティションなどで区切ってある場合は、声が聞こえないよう、事務用デスクから遠い位置が上座です

●会議室
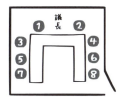
入り口からもっとも遠い席から役職の高い順に座ってもらいます。入り口に近いところが下座です

●エレベーター
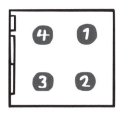
操作盤前が下座、その真後ろが上座なので、背中を見せないよう、体はお客様の方を向けます

●タクシー

後部座席の運転者の後ろがもっとも高い順位の上座、後部座席の左ドアの側が2番目になります

●乗用車

タクシーとは異なって助手席が上座となり、後ろのシートの運転者から遠い側が下座です

●新幹線
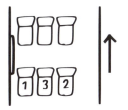
進行方向に向かう側の窓側がもっとも高い上座、通路側が2番目です

●お客様の都合を優先しましょう

お客様の中には、さまざまな理由で座りたい席の希望が強い場合があります。例えば、左利きなので右利きの人と当たらないようにテーブルの左側で食事をしたい、片側の聴力に支障があるので、自分が聞こえる側にほかの人に座ってほしいなどです。また乗り物では、出入りしやすい席、風景が見える席などを好まれる方もいます。その場合お客様の要望を聞き、柔軟に席を決めましょう。

3 お茶を入れる

business etiquette
hospitality

　お客様が来社される目的は、打合せをすることです。お茶を出すタイミングは、名刺交換や自己紹介の後、話が本格的になる前がベストタイミングです。打合せが本格的にスタートした後お出しする場合は、黙礼とともにお出しするなど、話を止めてしまうことのないように配慮しましょう。また、打合せが長引く場合、1時間を目安に別の飲み物を出すなど配慮をすると喜ばれるでしょう。

準備とお茶出し

● お茶の準備

- ▶ まず自分の手をきちんと洗います
- ▶ 人数分の茶碗、茶托、急須、お盆、ふきんを用意します
- ▶ 茶碗に欠けた部分やひび、茶渋などの汚れがないかをよく確認します

● お茶の入れ方

▼ 沸騰したお湯を茶碗の八分目まで入れて、茶碗を温めます

▼ 急須に茶葉を用意します。茶葉はティースプーン1杯分がお茶1杯分です。
ほうじ茶や玄米茶、番茶があっても、お客様に出すのは煎茶が基本です

▼ 茶碗の湯が適温になったところで（煎茶は80度くらい）、急須に移し、1分間ほどおきます。お茶の濃さが均一になるように、茶碗に順番に少しずつ7～8分目まで注ぎます

意外に手元は見られています

お茶を出すときはもちろんですが、書類を扱ったり、エレベーターのボタンを押したりするときも、手元は人から見られています。爪が伸びていないか、指先や手が荒れていないをチェックしましょう。とくに女性の場合、濃いマニキュアや派手なネイルアート、大ぶりの指輪などはビジネスの場にはふさわしくありません。

●お茶出しの手順

① 部屋に入る
- 茶碗と茶托を別にしてお盆に置き、ふきんも持ちます
- お盆を正面ではなく、左右のどちらかに、やや振った位置でお盆を持ちます
- ノックして、返事があったら部屋に入ります

② お茶を出す
- テーブルの下手（下座側）か、サイドテーブルにお盆を置きます
- 茶碗を茶托に載せて右手で茶托を持ち、左手を茶碗に添えて、茶碗の絵柄が相手の正面になるように置きます

③ お茶を置く
- お客様の右側から出すのが基本です

④ 退室する
- お盆は表側が外になるように脇に持ち、一礼して部屋を出ます
- お茶を出した人が忘れずに後片付けをします

コーヒーや紅茶の場合

最近はお茶ではなく、コーヒーや紅茶を出すこともあります。その場合、カップとソーサーは別々に運び、お出しする前にソーサーにカップを載せて、ソーサーを持ってテーブルに置きます。砂糖とミルクはスプーンと一緒にソーサーの手前に載せるか、別の容器にまとめて出します。別容器の場合にはお客様が取りやすい位置に置きます。

その他注意したいこと

▶ お菓子を出すときには、おしぼりとお茶を右側、お菓子を左側に置きます

▶ お客様がお菓子を持ってきてくださった場合は「お持たせで失礼します」と断って、お茶と一緒に出してもよい

▶ 相手が複数いる場合、上座から順番にお茶を出します

お客様応対NG集

応対の基本は「お客様が優先」ですが、実際にどのような応対を行うと失礼にあたるのかを確認してみましょう。せっかくお越しいただいたお客様に、よい印象を持っていただけるよう、注意が必要です。

✘ 大声で担当者を呼ぶ

お客様の面前で担当者を大声で呼ぶと横着な感じがします。担当者には電話をかけるか、近くまで呼びに行きます。自分が離れられない場合には誰かに連絡してもらうように依頼します

✘ お客様を長く待たせる

自分が担当ではないから、急いでやらなければならない仕事があるから、という場合でもお客様の応対が第一です。お客様に顔と名前を覚えてもらうくらいの気持ちで積極的に応対しましょう

✘ お客様をほったらかしにする

一旦応対して誰かに取り次いだとしても、連絡がうまくいかず、あるいは担当者に急用ができて、お客様が待ち続けている場合もあります。取り次いだ結果がどうなっているかも確認しましょう

✘ 取り次ぎに手間取る

連絡しても担当者がいない、面談場所が決まっていないなどの内情がわかると、お客様に対して悪い印象を与えてしまう可能性があります。いざというときの対処法を考えておきましょう

お待たせして
申し訳ございません。

✕ 下座にご案内する

案内された席が下座であると、マナーを知らない人だと思われてしまいます。窓や机の位置によって上座と下座は変わります。面談に使う部屋の上座と下座をもう一度チェックしておきましょう

✕ お客様の名前を呼び間違える

名前を間違われることで、別のアポイントと間違えているのでは？と不信感を抱かせてしまいます。また、その人を表す名前を間違えることで、嫌な思いをさせることになってしまいます

✕ 組織内の人を呼ぶのに尊敬語を使ったり、役職をつけたりする

お客様に対しては、自分の組織内の人を呼ぶときには役職名をつけず、呼び捨てが基本です。「伊藤課長はまもなく参ります」は間違いです

✕ 理由もなく、お客様を左側でご案内する

廊下などでは原則として右側が上座です。ご案内するときには、お客様が右側で、自分はお客様の左前方を歩きます。自分のペースで早足にならないように、気を配りながら歩きましょう

✕ エレベーターが閉まった瞬間、大声で話をする

お客様を見送ってエレベーターやドアが閉まったときには、ホッとするものです。しかし、大声を出したり、噂話をしたりしないことです。実はお客様に聞こえていることがあるので注意しましょう

4 お客様のお見送りの手順

打合せの最後には、話し合った内容を確認し、今後の流れを確認します。その後お客様が「そろそろ失礼いたします」と切り上げたときが終了です。迎えている側から切り出すと、もう帰ってほしいという印象を与えます。お見送りはエレベーターのドアが完全に閉まるまで敬礼をし、車や徒歩ではお客様が見えなくなる直前にもう一度おじぎをします。

① 御礼を言う

会議や打合せが終わったタイミングで、お客様が立ったときにすばやく立ち、御礼を言います

> 本日はお忙しい中お越しいただきまして、ありがとうございました。

② ドアを開ける

お客様よりも先にドアのところに行き、ドアを押さえて、お客様を先に通します。あまり早いタイミングで行うと、急かしているように思われてしまうので注意しましょう

③ エレベーターホールや建物の入り口まで先導する

お客様の斜め前に立って、エレベーターホールや建物の出入り口まで先導します。エレベーターならばボタンを押し、お客様に乗り込んでもらいます。

どこまで見送るのがいいの？

重要な取引先、エレベーターホールではなく、建物の入り口や車に乗り込むところまで見送ります。相手との関係、相手や自分のその後の予定などを考えて、柔軟に応対しましょう。

④ あいさつする

最後にもう一度あいさつをします

> 本日はありがとうございました。お気をつけてお帰りください。

寒い時期には

コートやマフラーなどを部屋の中で着てもらうように配慮します。

> 寒いのでこちらでお召しください。

8章
訪問時の基本を知ろう

相手の組織を訪ねる際にも社会人として守るべきことがあります。名刺交換に関してもしっかり覚えておきましょう。

1 アポイントを取る

business etiquette
visit

　ビジネスの場では突然訪問せず、アポイントメント（アポイント、アポ＝事前予約）を取ってから訪問するのが一般的です。アポイントを取る前に、その仕事の目的や先方に依頼したい内容をまとめ、訪問する必要があるかどうか考えます。アポイントを取ることを決めたら、相手のスケジュールの都合も考え、早目に要件を伝え、スケジュールの調整を行いましょう。

アポイントを取る前に

　連絡する前に先方の業務、自分の組織との関係を調べて、「会うほうがいい用件なのか」「先方にもメリットがあるかどうか」を考慮します。アポイントの「目的」を明確にしてから、相手にその旨を伝えましょう。

①アポイントを取るときの準備

電話で伝える内容をまとめ、電話番号、担当者の名前と所属を確認します。メモ、筆記用具、スケジュール帳やカレンダーを用意します

②電話で連絡し、面談の概要を伝える

自分の所属や名前、アポイントを取りたい相手の名前や所属をはっきりと伝え、面談の目的や所要時間を手短に話します

○○の件で
お伺いしたいのですが、
30分ほどお時間を
いただけないでしょうか。

③ 日にちと場所を決める

日時は、こちらから候補日を3つほど挙げて、確認します（相手にすべてのスケジュールを確認させてしまう手間をかけないため）。その候補日に合わなかった場合、相手に都合を尋ねましょう

来週火、水、金曜日のご予定はいかがでしょうか。

④ 同行者について知らせる

同行者がいる場合には、その人数や役職を伝えます

当日は課長の☆☆とともにお伺いいたします。

⑤ お礼のあいさつ

決めた日にちと場所は、復唱して確認します。時間を取ってくださることへの感謝を述べます。相手のメールアドレスを知っている場合は、アポイントの内容をメールで送信してもいいでしょう

お忙しいところお時間を取っていただきありがとうございます。

アポイントを取った後に注意したいこと

アポイント取った後は、次のようなことに気を配りましょう。

・上司や同僚に報告しておく

・会うまでに間隔があいていれば、3日前から前日までにリマインダー（再確認）の連絡をしてもよい

・メールでアポイントを取る際は、次の3点に注意する
　①社名、名前を名乗る
　②要件を伝える
　③候補日を挙げ、都合の悪い場合は、
　　いくつか候補日をお知らせくださいと入れる

2 相手先を訪問する

business etiquette
visit

　訪問するときには、所属する組織の代表として見られています。受付時から、訪問先を退出するまで、つねにその意識を持って訪問しましょう。とくにはじめての訪問先、重要な相手に会うとき、大切な依頼や謝罪に行く際には、しっかりと準備しておくと焦らずに済みます。当日の流れを頭の中でシミュレーションしておきましょう。

訪問の流れ

① 相手に会う場所に来たら

建物に入る前にコートやマフラー、手袋を外し、片手に持ちます。携帯電話は電源を切るか、マナーモードにしておきます

② 受付で名乗る

社名と名前を名乗り、面会の約束がある旨を伝えます。受付名簿に名前を書く、バッジをつける、座って待つなど受付係の指示に従います
＊受付がなければ近くの人に声をかけます

> お世話になっております。
> 私(わたくし)、○○社の
> ☆☆と申します。
> 本日10時に△△部の□□様と
> お約束をいただいております。

③ 相手が現れたら／取り次ぎで案内されたら

立ち上がって、社名と名前を名乗り、時間を割いてもらったお礼のあいさつをします。案内されてどこに座ったらいいかわからなければ下座に座り、促されたら上座に移動します

> ○○社の☆☆と申します。
> 本日はお忙しい中
> お時間をいただきまして
> ありがとうございます。

④ 名刺を交換する

106ページを参考に。手土産を渡すなら、名刺交換が終わったタイミングで

⑤ 本題に入る

まずは軽い雑談をしてから、本題に入ります。お茶をすすめられたら、いただきましょう

⑥ 内容を復唱する

話し合いで決まった内容を復唱して確認します。最後に、「今日はありがとうございました」と自分から切り出します（訪問された側からは切り出しにくいため）

本日はお忙しいところありがとうございました。

⑦ 帰りの身支度

資料は確実にバッグにしまい、コートやマフラー、手袋は建物の外で身につけます

訪問時に注意したいこと

・5～10分前に着くように出発する。早すぎる訪問は、相手の予定をずらしてしまう
・事前にトイレに行っておき、身だしなみも整える
・遅れそうならば、わかった時点で連絡する
＊110ページの前日の準備チェックリストも参考にしてください

3 名刺を交換する

business etiquette
visit

　名刺はビジネスの場では単に名前や連絡先を知らせる道具というだけでなく、持ち主の分身のように扱われます。端が折れていたり、汚れていたりする名刺をお渡しすることは、そのまま自分自身を表現していることにもなりかねません。相手に対しても失礼にあたるので、つねに多めに持ち歩くようにしましょう。また、名刺入れ以外にもストックして持つといいでしょう。

名刺交換の流れ

①起立して相手の目を見てあいさつ

起立し、テーブルを回り込んで相手の目を見て、自分の社名、所属、名前を告げて渡します。やむをえずテーブル越しに渡す場合は「テーブル越しに失礼いたします」と添えます

はじめまして。
○○会社の××部、
○○××です。

② 両手で胸の高さで差し出す

相手の方に名刺の正面を向け、胸の高さで差し出します。両手で出し、両手で受け取るのがもっとも丁寧です

＊訪問した側から名乗り、名刺をお渡しするのが基本だが、実際は同時交換で行うことが多い

＊名刺は名前の文字や組織のロゴに指がかからないように気をつけて受け取り、名刺を見ながら「○○○○様ですね」と名前をフルネームで読み、読み方を確認する

③もらった名刺を机に並べる

名刺はすぐにしまわずに机の上に置きます（108ページ参照）。複数の名刺がある場合は座席順に並べます。資料で隠したり、落としたりしないように注意しましょう。

④名刺を片付ける

名刺をしまうのは退出するときで、名刺入れに納めます。立ち話の場合は、もらったそのときにしまってもかまいません。もらった名刺はその日のうちに整理します。

名刺と名刺交換のNG

- お尻のポケットに名刺入れを入れている
- 汚れたり、折り曲がったりした名刺
- 胸の高さより下で出す
- 片手で出したり、放り投げたりする
- 定期入れや手帳から名刺を出す
- 座ったまま受け取る
- 名刺を胸ポケットに入れる
- 相手の目の前で名刺にメモを書き込む

名刺交換のコツ

●名刺を出しそびれたとき
名刺を出すタイミングを失ったら、面談が終わってから、あるいは休憩中などに「ごあいさつが遅れまして申し訳ございません」と名刺を渡します。

●同時に出したとき
お互いに両手で名刺を同時に出すと、名刺が受け取れません。両者が右手に自分の名刺を持ち、左手で相手の名刺を受け取って、両手で持ちます。

●先に出されてしまったとき
相手に先に出されたら、「頂戴いたします」と両手で受け取って名刺入れとともに持ってから、「申し遅れました」と自分の名刺を両手で出します。

名刺交換の順番

　名刺交換の順番は、基本的に訪問した側、もしくは目下の人から先に渡します。上司が同行している場合や、複数人で訪問し、相手も複数いる場合は、役職が上の人から、役職が上の人同士から先に交換します。

●1人で訪問したとき

訪問した側、目下の人が先に渡すので、自分が先に出します

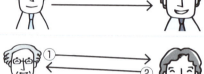

●上司が同行しているとき

役職が上の人から先、役職が上の人同士から先に交換するので、上司が先方に先に名刺を出し、続いて名刺交換します

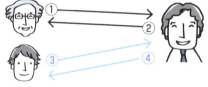

●相手も複数の場合

上司が名刺交換している後ろで控え、上司が交換した順番に名刺交換します。上司同士の名刺交換が終わったタイミングで、自分が相手側の上司に名乗ります。その間に上司が相手側の部下と名刺交換をはじめます（③と⑤、④と⑥は同じタイミングで行う）

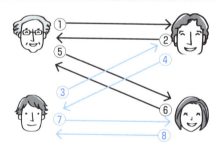

名刺の置き方

●1人から名刺を受け取ったとき

名刺入れの上に、名前を表にして自分が読める向きで置きます

●複数の人の名刺を受け取ったとき

手前の左側に名刺入れを置いて、奥に席順に名刺を並べます

人物紹介のルール

人物紹介の基本は、関係の深い人から浅い人へ、依頼した側が先になります。組織内の紹介を組織外の人よりも優先し、組織内の人を「さん」づけしないように気をつけましょう。

●社内の人を社外の人に紹介

① 組織内の人を紹介

●●様、こちら
マーケティング部の
××です。

② 社外の人を紹介

××さん、
こちら△△商事の
●●様です。

●組織内の複数の人を1人に紹介

●●さん、こちらが
弊社の△△プロジェクト
チーム一同です。
こちらが、
リーダーの□□です。

全体を紹介した後に、その中の目上の人やキーパーソンを紹介します

●組織内の複数の人を組織内の1人に紹介

みなさん、本日から
一員となった××さんです。
××さん、こちらが
●●プロジェクトの
みなさんです。

全体を紹介した後に、1人に対して、全員を紹介します

名刺を忘れたときは

名刺を忘れると名前を覚えてもらうチャンスをなくすだけでなく、事前準備の甘い人だと判断されてしまう可能性もあるので注意しましょう。忘れてしまったときは相手の名刺はいただいておき、自分の名刺は次回訪問の機会に渡します。訪問まで時間があくようなら、詫び状を添えて名刺を郵送します。メールアドレスを知らせる必要がある場合は、面談のお礼とともにメールを先方に送りましょう。

訪問前日の準備チェックリスト

訪問前日にチェックしておきたいことをまとめました。
105ページの「訪問時に注意したいこと」と
あわせて確認しておきましょう。

- ☐ 訪問する相手の所属や名前の確認する
- ☐ 訪問先へのアクセスを確認する
  （住所、地図、電話番号）
- ☐ 移動時間を確認しておく
- ☐ 話す要件を整理しておく
- ☐ 相手から聞かれそうなことについて
  事前に調べておく
- ☐ 先方の業務内容、こちらとの関係などを
  調べておく
- ☐ 持っていく資料を用意する
  （人数分に予備を1部足す）
- ☐ 依頼や謝罪のときには、
  上司や同僚と相談して手土産を用意する

9章 メールと文書作成術をおさえよう

メールや文書はビジネスに不可欠なツールです。
礼儀正しく、簡潔に内容を
まとめることが求められます。

1 メールのキホン

ビジネスに欠かせないメールには、履歴が残る、相手の都合を気にせず、世界中どこにでも送れる、多くの人に一斉に同じ用件を伝えられる、図版や資料を添付できる、というメリットがある反面、誤送信やウイルス感染、相手が読んだか確認できない、文面を誤解されることもあるといったデメリットもあります。緊急のときや、込み入った用件は電話を使いましょう。

送信メールのポイント

① 件名ははっきりと
一目で用件がわかるようにします。長すぎないように注意

② 宛名を入れる
送信相手のフルネームを書きます。組織や部署の名前がわかっている場合はまずそれを書いて、改行してからフルネームを書きます

③ 時候のあいさつは不要
時候や安否あいさつは不要です。「お世話になります」などの定型句を使い、続いて自分の名前も書きます

④ 読みやすい工夫を
1文は30～35字の長さにし、3～5行くらいの段落で1行空けます。重要な部分は罫線などで区切り、説明が長くなるときは別記し、「下記の通り」と示します

⑤ 締めのあいさつで終わる
「よろしくお願いいたします」などの締めの定型のあいさつで本文を終えます

⑥ 読みやすい署名を
名前、電話番号、FAX番号、メールアドレス、住所、組織のURLなどを見やすく配置します。キャンペーンなどの広告も短ければ、よいPRになります

宛先：△△物産 営業部 中野孝様
Cc：
Bcc：
件名：新商品説明会のご案内 ①

② △△物産 営業部
中野孝様

いつもお世話になります。③
□□興産の山本弘光です。

弊社の新商品説明会を下記の要領で開催いたします。
今回は8月に発売する☆☆のご紹介で、説明会では実際に ④
体験もしていただけます。

その後の商談会、懇親会にもぜひご参加ください。
・・・・・・・・・・・・・・・・・・・・・・・
● 2015年秋の新製品説明会
日時　5月26日（火）13時30分～16時30分
場所　○○ホール
　　　新宿区○○○
問い合わせ先　企画開発担当　□□
　　　　　　　電話
　　　　　　　e-mail
・・・・・・・・・・・・・・・・・・・・・・・
⑤ 詳細は添付書類でご案内しております。
どうぞよろしくお願いいたします。

****
□□興産 営業部
山本光弘
⑥ 〒000-0000 東京都新宿区○○
TEL 03-0000-0000
FAX 03-0000-0000
携帯 090-0000-0000
email m-yamamoto@00kosan.co.jp

返信メールのポイント

　メールを受け取ったら、なるべく早く返信します。案件の仕事が進んでいない場合でも、メールを受け取ったことを伝えておくと送信者は安心します。同じ案件では件名や前の送信文を引き継いで書き加えるスタイルがよくとられます。

①「Re:○○」を残す
同じ案件でメールのやりとりが続くときには「Re:○○」はそのまま残します。あまりに長くなった場合には案件の進行に合わせた件名に変えましょう

②自身を名乗る
情報をくれたこと、声をかけてくれたことなどに対してのお礼を最初に書きます

③短い言葉で返事をする
メールが届いたこと、案件の可否、参加・不参加など必要な情報を簡潔に書きます

④元のメールを残す
内容を振り返るのに役立つので、メールのやりとりの履歴を残しておきます

⑤送信トレイを確認
送信後は、送信トレイが空になっているかを確認し、メールの送り漏れがないように気をつけましょう

宛先：　□□興産 営業部 山本光弘様
Cc：
Bcc：
件名：　Re; 新商品説明会のご案内 ①

□□興産 営業部
山本光弘様

② いつもお世話になっております。△△物産の中野です。
　ご案内ありがとうございました。

③ ご案内いただきました、新商品説明会の件ですが、
　ぜひ出席させていただきたいと存じます。

　当日はお会いできることを楽しみにしております。

　どうぞ、よろしくお願いいたします。

④
> -----Original Message-----
> 宛先　　△△物産 営業部 中野孝様
> 件名：新商品説明会のご案内
>
> △△物産 営業部
> 中野孝様
>
> いつもお世話になり、ありがとうございます。
> 弊社の新商品説明会を下記の要領で開催いたします。
> 今回は 8 月に発売する☆☆のご紹介で、説明会では実際に体験も
> していただけます。
>
> その後の商談会、懇親会にもぜひご参加ください。
・・・・・・・・・・・・・・・
> ● 2015 年秋の新製品説明会
> 日時　　5 月 26 日（火）13 時 30 分～16 時 30 分
> 場所　　○○ホール

● TO、CC、BCCの違い

宛先	内容
TO	送りたい相手に対して使う
CC	情報を共有したい相手に対して使う。TOの相手に届くメールにも宛先として表示される。Carbon Copyの略
BCC	情報を共有したいが、TOの相手にはわからないようにしたい相手に対して使う。Blind Carbon Copyの略

メールの文面（社外）見本

●打ち合わせ時間確認のメール（送信）

宛先：	☆社 新規事業部 木村直子様
Cc：	営業部 村上浩二
Bcc：	
件名：	7月10日打ち合わせについての確認

☆社 新規事業部
木村直子様

いつもお世話になっております。
□□興産山本でございます。

先ほどはお電話にてありがとうございました。
次回打ち合わせの件、確認のためメールいたします。

日時：7月10日　14時
場所：弊社会議室（受付にて営業部山本を呼び出してください）

課長の村上とお待ちしております。
どうぞ、よろしくお願いいたします。

****
□□興産 営業部

> 社外に出すメールの書き出しには、「お世話になっております」などの定型文と、自分の組織名と名前を入れます

●打ち合わせ時間了承のメール（返信）

宛先：	□□興産 営業部 山本光弘様
Cc：	□□興産 営業部 村上浩二様
Bcc：	
件名：	Re:7月10日打ち合わせについての確認

□□興産 営業部
山本光弘様

お世話になります。☆社の木村です。
7月10日（金）の打ち合わせの件、
7月10日14時ということで承りました。
どうぞよろしくお願いいたします。

☆社 新規事業部
木村直子
TEL 045-0000-0000
FAX 045-0000-0000
携帯 090-0000-0000

> -----Original Message-----
宛先 ☆社 新規事業部 木村直子様
件名：7月10日打ち合わせ 時間変更のお願い
> いつもお世話になり、ありがとうございます。

> 社外からのメールに対する返信は、元の文章を残したまま返信するようにします。必要に応じて、関係者をCCに入れます

メールの文面(社内)見本

●会議の連絡

宛先：	○プロジェクト ML
Cc：	
Bcc：	
件名：	5月20日提案会議のご案内

関係者各位

○プロジェクトの提案会議を下記の要領で開催します。
出欠を鈴木までご連絡ください。
また、配付資料は5月18日(月)中に鈴木までお送りください。
・・・・・・・・・・・・・・・
日時　　5月20日(水)10時
場所　　第5会議室
テーマ　新しい製品・サービスの提案
・・・・・・・・・・・・・・・
よろしくお願いいたします。

企画開発課　鈴木次郎
内線 1234

> いつ、どんな会議かがひと目でわかる件名をつけ、日時、場所などは、文章に埋もれないように注意します。差出人の内線番号も書いておくとよいでしょう

●社員旅行の連絡

宛先：	総務部 ML
Cc：	
Bcc：	
件名：	社員旅行のご案内　第1報

おはようございます。
総務部、室田です。

毎年恒例、秋の社員旅行、今年は東北方面になりました。
下記の通りで、詳細は追ってお知らせします。
皆様のスケジュール調整をお願いいたします。

日時　6月6日(土)〜7日(日)　1泊2日
場所　宮城県内を予定
費用　7000円

よろしくお願いいたします。

総務部　室田京子
内線 9876

> 朝に出すメールは、朝のあいさつから書きはじめてもよいでしょう

メールの送受信チェックリスト

□ 送信先は正しいか
送らなくてもいい人に送っていないか、送り漏れがないかを宛先を確認します。とくに同じ内容を別の人に送る場合、本文中の名前や会社名を必ず確認しましょう

□ 添付ファイルを確認
ファイルの添付忘れはよく起こるミスです。逆にメールを転送する際では不要なファイルが添付されていることもありますので、送信前に必ず確認します

□ 誤字脱字をチェック
内容がわかりやすくても誤字脱字があると、あわてて送った印象になってしまいます。もう一度、自分が書いた文章を読みなおしましょう

□ 必要に応じて別の手段も
メーラーやサーバー、相手のパソコンの不調などでメールが送れていないこともあります。必要に応じて、電話で確認しましょう

□ 文章をチェック
何度も読み返して、5W3Hが含まれているか、気持ちが届く文章かを確認します。1通のメールに1つの用件になっているかも確認しましょう

これはNG
・顔を見て話せる相手にもメールを送る
・文字化けするフォントや記号を使う
・件名にやたらと「緊急」「重要」を付ける
・サイズの大きい添付ファイルを送る
・私用のメールを送る
・顔文字を使う
・携帯メールに添付ファイルを付ける

□ 依頼やお詫びは丁寧に
メールは簡潔にすることが基本ですが、依頼やお詫びは丁寧な言葉遣いをしましょう。お詫びの場合は、まず直接電話でお詫びをした後に、メールを送るようにします

メールの署名は見やすくすっきりと

□□興産　営業部
山本光弘（やまもと　みつひろ）
TEL：000-1111-2222　　FAX：000-1111-3333
email：　m-yamamoto@ ○○ kosan.co.jp
URL：　http:// ○○ kosan.co.jp/

署名には、名前が読みにくい場合などに備えて、読みを入れておくのもよいでしょう。emailとURLは、頭に半角または全角のスペースを入れておくと、正しく認識されます

はじめてメールを送る相手には
はじめてメールを送る相手には、メールを送る理由を簡潔に伝えましょう。また、誰かの紹介を受けた場合は、紹介元の人をCCに入れておくと、紹介元も紹介先の人も安心です。「はじめてご連絡差し上げます」「＊部の○○から引き継ぎました△△です」のようにメールを書きはじめましょう。

2 ビジネス文章のキホン

ビジネス文書には定型の書式や言葉遣いがあるので、基本を覚えておきましょう。送った文書の控え（コピーやデータファイルなど）がいつでも確認できるようにしておくことも大切です。

基本の社外文書

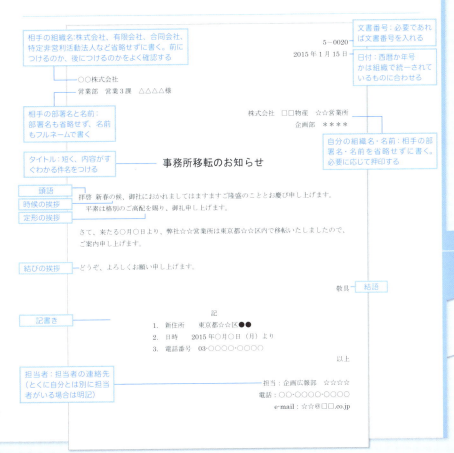

社内文書と社外文書の違い

組織内に向けた文書と組織外向けの文書では形式や言葉遣いを変える必要があります。組織内文書は組織外文書よりも必要事項を簡潔に書き、組織外向けには内容や書式、言葉遣いなど十分に配慮しましょう。

社内文書の例

企業など、組織内で取り交わす文書を「社内文書」といいます。改まった表現は必要ありませんが、実務に則して、簡潔に表現するのが基本です

- 議事録
- 届出書
- 企画書
- 通達書
- 報告書
- 稟議書

社外文書の例

企業などの組織内から外部に向けた文書が「社外文書」です。用件を丁寧にまとめて伝えるほか、言いまわしや表現に厳格さが求められます

- 見積書
- 依頼書
- 御礼状
- 納品書
- 案内状
- 請求書
- 挨拶状

ビジネス文書の決まり

● 文体を統一する

普段話しているような口語体は使わず、「です・ます」調で統一します。文書独特の丁寧な表現を使うのが普通です

● わかりにくい言葉は使わない

誰が読むかはわからないので、理解しやすい表現を心がけます。専門用語や省略語を基本的に使わないようにしましょう

● 基本は横書き

ビジネス文書は原則的に横書きです。お礼状やお詫び状などで丁寧さが求められる場合には手書きで縦書きがおすすめです

● 記号や改行を正しく使う

改行、段落分け、箇条書き、記号や符号など、文書を読みやすくする書式や文体の工夫をしましょう

● 数字はアラビア数字を使う

横書きの文章では、日時や住所、金額などの数字はアラビア数字で書きます。漢数字、ローマ数字などは間違って伝わってしまうことがあります

● 見出しをつける

案件がすぐにわかるように、タイトルや見出しをつけます。1つの文書に1つの案件を記すことが原則です

頭語と結語

　頭語は文書の冒頭に書く「こんにちは」にあたる言葉になります。結語も手紙の結びに書く「さようなら」にあたる言葉になり、頭語に対応した言葉を使うのが一般的です。状況によって様々な頭語・結語の表現方法があります。

頭語	結語
拝啓	敬具（一般的に使うもの）
謹啓、謹呈	敬白、僅言（儀礼的に使うもの）
急啓、急白	草々、不一（急用の場合に使うもの）
前略	草々（早々）（略式や急用の場合に使うもの）
拝復	拝答、敬具（返信の際に使うもの）

ワードなどのワープロソフトには、頭語を入れるとそれに対応した結語が表示される機能があります。結語に悩んだ際には、利用してみるのもよいでしょう

時候のあいさつ例（「〇〇の候」と使う）

　季節や天候に応じ、心情や季節感を現す言葉を「時候のあいさつ」と言います。「頭語」の後に続けて「時候のあいさつ」と、その後に続く「安否のあいさつ」をまとめて書くことが、ビジネス文書では一連の流れです。

月	あいさつ例	月	あいさつ例
1月	新春、初春、迎春	7月	盛夏、猛暑、炎暑
2月	立春、向春、早春	8月	残暑、残夏、処暑
3月	早春、春分、春暖	9月	早秋、初秋、新秋
4月	暖晩、春日、陽春	10月	紅葉、秋晴、秋冷
5月	新緑、若菜、暮春	11月	晩秋、深秋、暮秋
6月	初夏、入梅、梅雨	12月	師走、初冬、寒冷

安否のあいさつは一般的に、相手の安否を確認するために記します。特にビジネス文書では儀礼的なものになるので、次に挙げるような慣用句を使うのが無難です。「皆様にはご健勝のこととお喜び申し上げます」「貴社益々御繁栄のことと御慶び申し上げます」

社外文書の文面見本

●イベントなどの案内文

2015年3月15日

○○株式会社
営業部　△△様

株式会社　□□電機
営業部　＊＊＊＊

お得意様説明会のご案内

拝啓　早春の候、御社におかれましてはますますご発展のこととお慶び申し上げます。平素は格別のご高配を賜り、御礼申し上げます。

①　さて、弊社では毎年5月にお得意様をお招きして、弊社の製品のご説明と廉売の会を開催しております。

ご多用とは存じますが、ぜひとも御高覧いただきたく、ご案内申し上げます。

敬具

記

1. 日時　　2015年5月20日（水）　10：30〜16：30 ②
2. 場所　　○○ホテル　2階　△△の間
   （地下鉄＊＊駅○番出口すぐ） ③

以上

担当：広報部　☆☆☆☆
電話：○○-○○○○-○○○○
e-mail：☆☆@□□.co.jp

① 案内の趣旨をわかりやすく述べる
② 日時や場所に漏れや間違いがないかをチェック
③ アクセス方法も書き添える

●出展辞退の文書

> ① タイトルに「依頼を断る」内容がなくてもよい
> ② 依頼を断る理由は必ずしも書かなくてもよく、書く場合には端的に
> ③ 今後の相手との関係に関わらず、つながりを断たないように終わる

2015年2月15日

○○株式会社
広告部　△△△△様

株式会社　□□商事
広報部　＊＊＊＊

秋の見本市出展の件 ①

拝啓　立春の候、御社におかれましてはますますご発展のこととお慶び申し上げます。
　平素は格別のご高配を賜り、御礼申し上げます。

　さて、先日ご依頼いただきました秋の見本市の出展の件、社内で検討いたしましたところ、今回はご辞退申し上げたく存じます。何卒ご了承くださいませ。 ②
これに懲りず、今後ともどうぞよろしくお願い申し上げます。 ③
　取り急ぎお返事まで書面にて失礼いたします。

敬具

●依頼に答える文書

2015年4月15日

株式会社□□工業
制作課　△△△△

○○カラー株式会社
営業部　＊＊＊＊

カタログ送付のご案内

拝啓　貴社ますますご繁栄のこととお慶び申し上げます。平素より格別のご高配を賜り、暑く御礼申し上げます。
　さて、先日ご依頼いただきましたカタログをお送りいたします。ご査収の上、ご検討くださいますようお願い申し上げます。①
　不明な点がございましたら、担当・△△△△（電話：00-0000-0000）までご連絡くださいませ。②
　どうぞ、よろしくお願い申し上げます。

敬具

> ① 検討をお願いする一言を添える
> ② 担当者と連絡先がある場合は、文書内に書いてもよい

基本の社内文書

　社内の文書では、議事録や企画書、掲示文も含め、目的に応じて決まった書式がつくられていることが多く、漏れなく間違いなく書くこと、所定の期間内に出すことが優先されます。

3A-20150403 ①
2015年3月15日 ②

営業部　部課長各位 ③

総務部・部長 ④

5年目研修の件 ⑤

表記、恒例の5年目研修を開催いたします。⑥
詳細は下記の通りです。
部内の5年目の社員に通知の上、出欠の確認を△月△日までに総務部・○○にご連絡ください。

記

⑦
1. 日時　2015年5月20日（水）　10:30　～21日（木）　17:00
2. 場所　本社5階　研修ルーム

以上 ⑧

● **研修会の案内文**
① 文書番号がある場合
② 日付を忘れずに書く
③ 宛名
④ 送信者
⑤ 件名は端的に
⑥ 挨拶文なしで本題から書き始める
⑦ 詳細は箇条書きで
⑧ 記書きの終わりには「以上」を入れる

● **稟議書**
① 稟議書を出す相手の役職を確認
② 必要に応じて役職者の印を押す
③ 詳細は箇条書きで
④ 費用や数量などの数字を明確に
⑤ 稟議を求める理由を簡潔にわかりやすく示す
⑥ 必要な書類を添付する
⑦ 記書きの終わりには「以上」を入れる

総務部長殿 ①

2015年3月15日

企画開発部　○○○　印 ②

新規パソコン購入のお願い

人員増加により、表記の件、ご検討をお願いしたく存じます。
詳細は下記の通りです。

記

③
1. 品名　□□社製　デスクトップパソコン　品番
2. 価格　○万○円（見積書・別添付）④
3. 数量　2台
4. 理由　○○プロジェクトにてアルバイト人員が4名増加に付き、作業効率を高めるため ⑤
5. 添付資料　見積書1通 ⑥

以上 ⑦

ビジネス文書送付時のチェックリスト

☐ 敬称のつけ方チェック

組織宛	御中
役職（社長、部長など）	殿
個人宛	様
複数の人たち	各位

☐ 固有名詞や数字、記号チェック

担当者や電話番号、メールアドレス、金額、場所、時間などは何度も確認。先輩や同僚にダブルチェックをお願いするのもよいでしょう

☐ レイアウトチェック

バランスのよいレイアウトになっているかを見直してみましょう。太字、左寄せ、右寄せ、中央揃えなどは、ワープロソフトの機能を使います

☐ 内容チェック

5W3H（46ページ参照）のうち、文書に必要なものが入っているかどうか、改行や箇条書きなど読みやすい工夫ができているかどうかを確認します

☐ 誤字脱字チェック

内容に加えて、日本語としての誤字脱字がないことを確認します。社内外を問わず、重要だと思う文書は上司などにチェックしてもらいましょう

☐ 見落としチェック

発信日の年号や漢字の間違いなどは一見合っているので発見しにくいものです。最後にうっかりミスがないかをもう一度見直しましょう

文書を間違えたときは

組織外に出すときはもちろん、組織内の文書でもとくに稟議書や企画書などの重要度の高い文書で間違いを見つけたら、破棄して書き直します。修正液を使って直したり、二重線で消して書き直したりはしません。提出前にはもう一度見直しましょう。

手書きの文書もよいもの

お詫び状やお礼状などは、手書きのほうが気持ちは伝わります。文書をデジタルでつくることが当然の世の中ですが、あえてアナログな手段で縦書きを選ぶと、きちんとした印象を与えることができます。便箋や封筒は、シンプルなものを選び、早めに出します。

3 英文レター・メールのキホン

business etiquette
mail & document

仕事のグローバル化に伴い、英文の文書やメールを書く機会が増えています。日常的に英語を使う人はもちろん、急な対応を迫られたときにもあわてないで済むように、基本を覚えておきましょう。形式は少し違うものの、5W3Hを意識して書くこと、1案件1通、ネガティブな表現は使わないという点は日本語の文書やメールと同じです。念を入れて何度も見直してから出しましょう。

●英文ビジネスライティングのポイント

① 用件は1つだけ
文書やメール1通につき、1つの案件のみを伝えることにしておくと、相手も自分も混乱しません。複数の用件がある場合は複数の書類・メールを作成します

② 用件を明確に伝える
ドキュメントの場合は、冒頭に用件を示す短いタイトルを付けておくと内容がはっきりします。文面からも、「どのような用件なのか」がわかるようにします

③ 短く書くことを意識する
日本語の社外向け文書と異なり、安否のあいさつなどは不要です。忙しい人にとっては、必要以上に長い文章は迷惑です。大切なことのみを書くようにします

④ 話し言葉同様の平易な英語で
難しい単語、文学的な表現を使わず、話すのと同じようにシンプルな英語を使います。相手が理解しやすいよう、平易な文章を書くように心がけましょう

⑤ 「ネガティブ」な表現を避ける
ネガティブな意味を持つ単語よりもニュートラルな語感の単語を使います。例えば、accidentやproblemよりもissueとすると、ネガティブなニュアンスが消えます

⑥ 数字はとくに注意！
数字はもちろん、肩書、固有名詞を間違えてしまうと、大きなミスや心証の悪さにつながります。送付前には、念を入れて何度も確認しましょう

基本のビジネス英文レター

ビジネスレターはフォーマットを守れば、きちんとした文書になります。サンプルを作っておくと応用が利きます。差出人の名前を一番後に自筆サインとタイプの両方で書くのは英文の文書の特徴です。

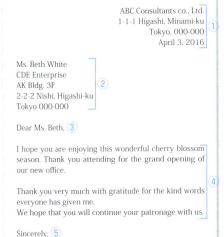

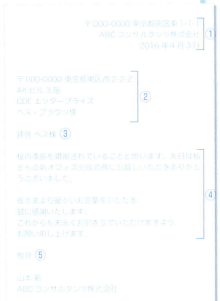

① 頭書き(Heading)

頭書きとは、差出人の組織名、住所、日付を書く部分のことです。日本語の文書と違い、ここに差出人の名前は書きません。中央より右の部分に書きます

③ 起句(Salutation)

「拝啓」や「謹啓」など、決まった書き出しがあるのは日本語の文書と同じです。ビジネスレターでは、簡潔に"Dear XXX"のように書きます

⑤ 結句(Complimentary Close)

締めの言葉として短い単語が使われます(115ページを参照)。日本語の「敬具」や「謹啓」などと同じ働きをする単語です

② 宛名(Address)

宛先の個人名(敬称付き)、組織名、住所を左寄せで書きます。英語では、まず、差出人の情報を一番上に、続けて宛名を書きます

④ 本文(Body)

案件を簡潔に書きます。1段落に2〜5文くらいが目安です。段落の文頭は頭下げ(インデント)を行わない「フルブロック式」が普通です

⑥ サイン(Signature)

タイプした名前の上に手書きのサインをします。漢字でサインをする人もいますが、英文ドキュメントでは、基本的にアルファベットを使うのが無難です

英文ライティングのお役立ちフレーズ集

　英文の文書の結句はいつも使うものを決めておき、相手との親しさの違いによって書き方を変えるといいでしょう。略語、部署名、役職名は一覧表にしておくと安心です。

●起句と結句のいろいろ

起句	フォーマルな結句	カジュアルな結句
Dear Sir, 相手が男性で名前がわからないとき	Best regards, Kind regards,	All the best, Best Wishes,
Dear Madam, 相手が女性で名前がわからないとき	Sincerely, Sincerely yours,	Many thanks, Thanks in advance,
To whom it may concern, Dear Sir or Madam, 相手の名前も性別もわからないとき	Warmest regards, With regards, Yours truly,	Thanks once again, Yours, Regards,

●部署名のいろいろ

英語	日本語	英語	日本語
accounting division	経理部	intellectual property division	知的財産部
administration division	総務部	legal division	法務部
advertising division	広告部	manufacturing division	製造部
human resources division/ personal division	人事部	public relations division	広報部
		sales division	営業部

●略語のいろいろ

略語	英語	日本語	略語	英語	日本語
Apt.	Apartment	アパート、集合住宅	Inc.	Incorporated	株式(有限)会社
Attn:	Attention:	～宛	Ltd.	Limited	有限会社
Bldg.	building	ビル	P.S.	postscript	追伸
Co.	Company	会社	RSVP	repondez s'il vous plait	お返事ください
Corp.	Corporation	法人			
Dept.	Department	部署、省	Rev.	Reverend	(牧師の)師
Dr.	Doctor, Drive	(医師・博士などの)様、車道	Rm.	Room	号室
Encl.	Enclosure	同封物	Sq.	Square	広場
Fl.	floor	階	St.	Street	通り
Govt.	Government	政府			

基本の英文メール

英文メールは、英語ドキュメントよりも、より話し言葉に近いことが特徴です。日本語で考えた文章をそのまま英語にすると、意味がわかりにくい英文メールになってしまうので、展開や言いまわしを知っておきましょう。

```
TO:      beth@cdeenterprise.com
Cc:
Bcc:     営業部 村上浩二
Subject: Request for estimate ①
```

Dear Ms. White: ②	ホワイト様 ②
I'd like to ask you to provide us with an estimate of 500 units. I'm sorry to pressure you but it would be very helpful if we could receive the estimate in our hands in a few days. ③	500個の見積もりをお願いできれば幸いです。 無理を言って申し訳ありませんが、2〜3日で見積もりがこちらに届くようにお送りください。 ③
Thank you for your understanding.	よろしくお願いいたします。
Best Regards, ④	敬具 ④
Arata Yamamoto (Mr.) ABC Consultants co., Ltd. ⑤	山本新 ABC コンサルタンツ

①件名(Subject)

英文メールでもっとも重要なのは、「件名」です。例えば "Request for estimate"は「見積もり依頼」の意味ですが、内容が一目瞭然です

②起句および書き出し(Opening)

"Dear XXX," "Dear XXX:"といった表現を使います。「:」のほうがよりフォーマルです。はじめてメールをする相手にはフルネームを入れるとよいでしょう

③本文(Body)

「お世話になっております」といった形式的な文句は不要です。すぐに用件を切り出すようにします。構成は以下のような流れがおすすめです

> 段落1. 用件
> 段落2. 理由
> 段落3. その他

④結句(Closing)

英文レターの「結句のいろいろ」と同じものが使えます。ただし、メールの方が英文レターよりも、カジュアルな結句を使う傾向にあります

⑤署名(Signature)

外国人から見て日本人のファーストネームはわかりにくいので、フルネームを使うのがよいでしょう。また、性別を表す敬称を入れておくのも一般的です

"〜san"という書き方

英文メールの宛名で、"Dear Yamada-san"という表現を見かけることがあります。これは、日本語の「〜さん」を示し、特に日本と取引のある企業ではよく知られている表現です。Mr.やMs.といった敬称の代わりに使え、男女どちらでも同じ表現になります。

英文メールのお役立ちフレーズ集

英文メールでは、文書とは違った略語がよく使われるので、知っておくと便利です。また、何度かやり取りをすると、ファーストネーム（名前）で呼び合うことも普通です。メールの特性を生かして、スピーディーな対応を心がけましょう。

●結びのひとこと

英語	日本語
Thank you for your cooperation.	ご協力ありがとうございます。
Thank you for your time and concideration.	ご多忙のところ恐縮ですが、よろしくお願いいたします。
I would appriciate if it…	〜いただけたら幸いです。
I'm looking forward to hearing from you.	ご返信お待ちしております。
We look forward to doing business with you again.	今後ともなにとぞよろしくお願いいたします。

●メールで良く使われる略語

略語	英語	日本語	略語	英語	日本語
approx.	Approximately	ほぼ、大体	IOU	I Owe You	あなたのおかげです
Attn:	Attention:	〜宛て	TBD	To Be Decided	後日決定予定
ASAP	As Soon As Possible	至急	NA N/A	Not Applicable	該当なし
BTW	By The Way	ところで	IMO	In My Opinion	私の意見では
Encl.	Enclosure	添付	IOW	In Other Words	言い換えると、つまり
FY	Fiscal Year	会計年度	viz.	Videlicet	すなわち
FYI	For Your Information	ご参考まで	OTOH	On The Other Hand	他方で
FYA	For Your Amusement	よろしければ	S/P	So to Speak.	言うなれば

英語で電話がかかってきたら

英語で電話がかかってきたときは、落ち着いて相手が言っていることを聞き取りましょう。言っていることがまったくわからない場合は、"Just moment, please（少々お待ちください）"と告げ、電話を保留にして、英語で応対ができる人を探します。どうしても見つからなかったときは、電話に戻り、"Nobody can speak English here now. Please call back again about 1 hour later.（英語ができる人がいませんので、1時間後に折り返していただけますか？）"と言って切ります。

Just moment, please.
（少々お待ちください）

英語がわからなくても、このフレーズを言ったのちに電話を保留して、社内で英語ができる人を探して応対をお願いするようにしましょう

I'll transfer person in charge.
（担当者に替わります）

英語が聞き取れる余裕がある場合は、もう少し丁寧な対応をします。「担当者に替わります」と言えれば、相手も安心するはずです

10章 そのほかのモラルとマナー

社会人としてはマナーだけでなく、モラルも守らなくてはなりません。また、冠婚葬祭など、一般常識とされるマナーも知っておきましょう。

1 社会人としてのモラルとマナー

business etiquette others

　この本ではこれまでマナー（礼儀）について書いています。マナーとは別に組織で働くようになったら、守らなければならないのがモラル（倫理）です。例えば、差別表現などで人を傷つけない、セクシャル・ハラスメントをしない、仕事で知り得た個人情報など組織の内部情報を出さない、組織の備品を個人で使用しないなど、自分を律することが必要になります。

個人情報や内部情報は守秘管理を

✕ 大切な書類をそのまま捨てる

処分を頼まれたら、処分の仕方を尋ね、処分後に報告します。必要に応じてシュレッダーにかけ、企画提案書や名簿などは保管方法も含めてとくに注意します

✕ ふと耳にした噂話を他人や家族に話す

人事や新製品などの情報は株価を左右することもあるくらい重要なものです。情報の重要度は人によって異なることを覚えておきましょう

✕ パソコンのモニター画面を開いたまま、席を離れる

出入りしている組織外の人から情報が漏れることがあります。スクリーンセーバーを使う、画面を最小化する、電源を切るなどの対応をしましょう

✕ 開発中の商品などの情報を家族に話す

家族が他人に話してしまうことがあるので、家族で業務の話はしないようにします

✕ パスワードをモニターに貼っておく

何のためのパスワードかわかりません。覚えられなければ、自分だけしかわからない場所にメモをしまっておきましょう

✕ スマホやパソコンにデータを入れて持って帰る

データを紛失する危険性があるほか、データの改ざんや売買などを疑われることもあります

SNSに注意しよう

　従業員個人のSNS（＊）から業務に飛び火して組織が謝罪したり、従業員を解雇したりするケースが出ています。SNSや組織内の電子掲示板の利用には十分注意を。一旦インターネットに情報が回るとほぼ消せないと心得ましょう。

● ショーケースや食品の上に寝そべった写真を投稿

アイスクリーム、なう！

衛生管理の悪さ、従業員のモラル違反や教育不足を露呈。従業員の厳重注意、店舗閉鎖などの処分が科せられている

● 有名人の情報を投稿

自慢のつもりでも、情報を流された側ではプライバシーの侵害になる

女優の○○とサッカー選手の△△が来店～♪

● サービスへの謝罪要求の様子を投稿

名誉毀損、強要罪などに問われることがある

□□の件、謝罪中～！

SNSを使う際のチェックリスト

☐ 組織で策定されているSNSに関するルールを知っている
☐ 仕事で知った情報を個人のSNSに投稿しない
☐ 仕事関係の人の名前や役職などをSNSに投稿しない
☐ 仕事での不満をSNSに投稿しない
☐ 上司や同僚、仕事先との連絡には個人のSNSを使わない
☐ 組織内外の人たちに「友達申請」やイベント参加を強要しない
☐ SNSで知った内容を本人の許可なく話さない
☐ オフラインで聞いたことを本人の許可なくSNSに投稿しない
☐ 組織内外の人が個人でアップした写真をダウンロードしない
☐ SNSを使わない人に参加を強要しない
☐ 業務での使用以外に業務時間内にSNSを見たり、SNSに投稿したりしない

＊SNS＝ソーシャル・ネットワーク・サービスまたはシステムのこと

2 退職のマナー

仕事が合わないと感じたり、対人関係で悩んだりしたときなど、ついつい退職を考えてしまうことがあるかもしれません。ネガティブな感情のまま退職を決めてしまっても、次へのステップアップにはつながりません。自分自身の今後のキャリアもよく考えてから決断しましょう。

退職を決めたら

それでも退職を決めた場合、今の組織に対する不満は言わないようにします。また、退職願を書き、次の就職先が決まっていても詳細を言わずに、お世話になった方には挨拶状やメールを出します。

①上司に相談
退職日と考える日の1～3か月前に、まずは上司に相談します。「退職を考えているのですが、相談に乗っていただけますか」と切り出し、率直に話します

②退職願を出す
上司に相談しても意思が変わらなければ退職願を出します。退職理由は「一身上の都合」とします。結婚や病気はそのまま理由を書いてもよいでしょう

③引き継ぎを行う
同僚や後任者とともに引き継ぎを行います。取引先にあいさつに行き、後任者を紹介したり、引き継ぎ事項を書面にして見られるようにしたりしておきます

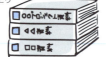

④退職日を迎える
退職日には、社員証、保険証、名刺、制服、文房具など組織から支給されたものを返却します。上司や同僚にお礼を述べて退社します

●退職願の書き方

縦書きの白便箋を使い、宛先は組織のトップ宛てにします。退職願は白封筒に入れ、表中央に「退職願」と書き、封をします

「私事」(または「私儀」)は、一番下から書きます

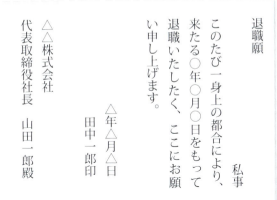

退職願

私事

このたび一身上の都合により、来たる○年○月○日をもって退職いたしたく、ここにお願い申し上げます。

△年△月△日

田中一郎㊞

△△株式会社
代表取締役社長　山田一郎殿

●退職時の挨拶状（メールでも使えます）

拝啓
桜花の候、貴社ますますご隆盛のこととお慶び申し上げます。
さて、私こと○月○日付で△△株式会社を退職いたしました。
在職中にはひとかたならぬご支援を賜り、ここに厚く御礼申し上げます。
今後ともご指導ご鞭撻を賜りますよう、よろしくお願い申し上げます。
　　　　　　　　　　　　　　　　　　　　　　　　　　　敬具

自分のキャリアをイメージしよう

　社会人として、目の前の仕事に対して一生懸命取り組んでいくことはとても大切ですが、もう一方で、自分の3年後、5年後、10年後の目標をイメージすることも大切です。

　具体的には、10年後どんなキャリアを築いていたいのか？　をイメージしてみることで10年後の目的を達成するために、今年の目標、3年後の目標、5年後の目標、という目的にたどり着くための目印が決まります。そして、今年の目標を達成するための小さなステップとして、3か月後、半年後の目標が具体的になります。目標をイメージすると、その目標をかなえるための行動という意識が高まり、主体的に行動できることにつながるのです。

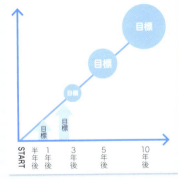

3 結婚式のマナー

business etiquette others.

　社会人になると、関係性の深い取引先などから結婚式に招待されることがあります。出欠の返事、お祝い金や品物の用意、式や披露宴の服装選びなどをスムーズに、かつスマートに行いたいものです。もしも出席できない場合はその理由を詳しく説明をする必要はありませんが、早目に返信を出し、祝電を送りましょう。親戚の結婚式であれば、家族が代理として出ることもあります。

招待状の返事の仕方

　招待状の返信は1週間以内に。毛筆か黒のペンで書きます。欠席する場合は、具体的なことを書かないようにします。そして、祝電を送るとよいでしょう。祝電の文面は電話会社のホームページなどを参考に。

これはNG

- ✕ 招待状の返事を出さない（日程がはっきりしない場合は電話でその旨を知らせ、当日近くまでわからないときには欠席にしておく＝招待する側は人数がわからないと準備が進まない）
- ✕ 招待状の返事をグレーやブルーのインクで書く
- ✕ 文字を消す際に×を書いたり、塗りつぶしたりする

はがき表

東京都□□区○○○○
山田 一郎 行
様

「行」を二重線で消して「様」と書きます

はがき裏：出席

御出席 させていただきます
御欠席
この度はご結婚おめでとうございます。お招きいただき、ありがとうございます。喜んで出席させていただきます。
御住所　東京都××区△△△
御芳名　田中 太郎

右／「御出席」と欠席の上の「御」を二重線で消して「欠席」を○で囲み、「させていただきます」と書き加えます。お祝いの言葉と「残念」という趣旨の文章を添えます

左／出席の上の「御」と「御欠席」を二重線で消し、「出席」を○で囲み、「させていただきます」と書き加えます。お祝いの言葉を添えます

はがき裏：欠席

御出席
御欠席 させていただきます
この度はご結婚おめでとうございます。誠に残念ながら、都合がつかず、伺うことができません。末永いお多幸をお祈り申し上げます。
御住所　東京都××区△△△
御芳名　田中 太郎

結婚式の服装

　一般的な披露宴は準礼服が基本です。夜に開催されるほうが昼間よりも服装の格式が上がります。パーティー形式などで「平服でお越しください」と書かれている場合は仕事先にあいさつに行くくらいの服装で。平服は普段着ではありません。

●男性

- ●ネクタイ　白やシルバーグレー
- ●シャツ　白か淡い色
- ●黒の革靴

・モーニング
・タキシード（夜の準礼装、近親者や仲人が着用するのが普通）
・ブラックスーツ

これはNG
×ヘビ革など爬虫類系の小物
　（殺生を連想させる）
×デニム、ツイート、
　コットンのような素材

●女性

- ●アクセサリー　フォーマルの際はつけるのが正式
- ●靴　素足やミュールはだめ

・未婚者は振袖、既婚者は五つ紋付き黒留袖か色留袖、訪問着
・昼は長袖でひざ丈のアフタヌーンドレス
・夜はロング丈のセミイブニングドレス

これはNG
×白いドレス
×全身黒の装い
×新婦より派手な振袖やドレス
×デニム、ツイート、
　コットンのような素材

ご祝儀袋(金封)の用意

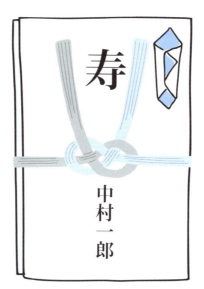

● **表書き**
毛筆で手書きが原則です。「寿」「壽」「御結婚御祝い」と中央のやや上寄りに書きます

● **水切り**
水引の端が上を向き、引っ張ってもすぐにはほどけないデザインを選びます。結婚祝いは10本の水引が原則。立派な祝儀袋に金額が少ないとバランスが悪くなります

● **名前**
下段中央に名前を書き、連名の場合は右側が目上の人、組織名は名前の右側に書きます

● **裏書き**
袋の折り返しは下を上にかぶせます(喜びを受けとめるの意味です)

● **中包**
表に「金○円(圓)」と金額を書きます。数字は「1・2・3」は「壱・弐・参」と旧字で書きます(漢数字だと数字を読み間違えやすい)。裏にフルネームと住所を記入します

袱紗(ふくさ)の包み方

結婚のような慶事では赤や朱色、紫色(*)の袱紗を使います。渡す際は、受付で開くか、折りたたんだ袱紗に祝儀袋を載せて、表側を相手の正面に向けます

① 祝儀袋の表側を向け、袱紗の中央ややや左寄りに置き、左からふくさを包む

② 上から下の順になるように重ねる

③ 右側が重なるように包み、はみだした角を下に折り込む

＊紫色の袱紗は慶事／弔事のどちらでも使えます

祝い金のマナー

祝い金は新札を用意します。割り切れる偶数を避けるのが通例ですが、実際は1万円と3万円の間に差があるために2万円というケースもよくあります。また、4と9は避けます。披露宴を催さない人たちには、花やお祝いのプレゼント、祝電などを贈りましょう。

●祝い金の目安

相手	
上司・先輩	3万円
同僚・後輩	2万円か3万円
取引先	3万円
友人	2万円か3万円
兄弟姉妹	5〜10万円
その他の親族	2万円か3万円

スピーチの流れ

① 御祝いの言葉

② 自己紹介と新郎新婦との関係

③ 新郎や新婦とのエピソードや人柄の紹介

④ はなむけと結びの言葉

スピーチは、誰もが喜ぶ内容にします。新郎新婦の過去の恋愛、失敗などの暴露話はしないことです。また、忌み言葉を避けます

忌み言葉は避ける

去る、切れる、割れる、分かれる、離れる、終わる、破れる、壊れる、流れる、戻る、重ね重ね、たびたび、またまた

4 お葬式のマナー

訃報が入ったら、故人との関係によってその対応は変わります。職場の人の身内が亡くなったときは部署単位で香典を用意し、代表者が告別式に出席するのが一般的です。仕事関係の方の場合は、まず上司に報告し、指示を仰ぎます。関係が深い会葬者の場合は通夜、葬儀・告別式の両方に参列し、仕事関係者や一般の場合は葬儀・告別式に参列するのが一般的です。

通夜と葬儀・告別式の違い

●通夜

葬儀の前夜に亡くなった人の親族や親しかった人がご遺体を守りながら、別れを惜しむものです。
現在は、告別式に出席できない人のお別れの場となっています

●葬儀・告別式

葬儀は亡くなった人のための宗教的な儀式、告別式は亡くなった人と交流のあった人とのお別れの式です。現在は同時に行うことが多いようです

訃報を聞いたら

●確認すること
・亡くなった人の名前
・喪主の名前と続柄
・宗教や宗派
・日時、場所
・連絡すべき人
・手伝いが必要かどうか
・お供えの花や花輪の受け入れの可否など

●通夜にも葬儀・告別式にも参列できない場合
・香典は参列する人に預けるのではなく、手紙を添えて現金書留で送るか、葬儀の後に弔問に伺います
・お悔やみを電話で済ませるのは失礼で、忙しい遺族に迷惑です
・言ってはいけない言葉は141ページを参考に

通夜や葬儀・告別式の服装

急な通夜に参列する場合は、地味な平服でかまいません。時間があれば、告別式同様に喪服で行きます。アクセサリーは基本外しますが、結婚指輪や女性の真珠、ブラックオニキスはつけてもよいとされています。

●男性

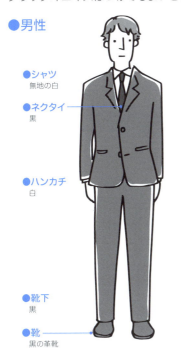

- ●シャツ　無地の白
- ●ネクタイ　黒
- ●ハンカチ　白
- ●靴下　黒
- ●靴　黒の革靴

・ブラックスーツあるいはダークスーツ

これはNG
× 光沢のある素材、派手なボタンやネクタイピン、派手な色のコート、ストール、マフラー、傘
× エナメルや爬虫類の素材のバッグや靴、金具の付いた靴、ブーツ

●女性

- ●アクセサリー　結婚指輪や女性の真珠、ブラックオニキス
- ●ハンカチ　白、薄いピンクやブルー
- ●バッグ　黒
- ●スカート　膝下
- ●ストッキング　黒か肌色
- ●靴　黒

・喪服
・黒やダークグレーなどのスーツかワンピースで、半袖か長袖

これはNG
× 派手なアクセサリー、派手な色のコート、ストール、マフラー、傘
× 派手なメイクやネイル、香水
× エナメルや爬虫類の素材のバッグや靴、金具の付いた靴、素足、ミュール、ブーツ、ハイヒール

香典袋の用意

香典は通夜か葬儀・告別式のどちらかに一度だけ出します。亡くなった方の宗教や宗派によって香典の名目や不祝儀袋の種類をふさわしいものを選びます。金額は、多すぎないほうがよく、仕事先であれば上司や同僚と相談しましょう。

●仕事関係者

下段中央に名前を書きます。組織名を書く場合には、名前の右側に書きます

●連名

連名の場合は、右側が目上の人になります。3名の場合は、中央に一番目上の人の名前を書き、その左側に順に記入します。人数が多い場合は「他一同」とします

●裏

袋の折り返しは下に上をかぶせます
（下に向けることで悲しみを表します）

中袋の裏面には、住所と名前を書きます

●友人・知人

香典袋の下段中央に名前をフルネームで書きます

香典金額の目安

金額は5,000円から1万円が普通で、多すぎると失礼になる場合があります。
お世話になった上司本人が亡くなり、個人で香典を用意する場合は5,000円が目安です。表書きも中包みも薄墨の毛筆や筆ペンで書きます。新札は「用意していた」と取られるためによくないとされています。

仕事関係・友人・知人：3,000〜5,000円
親しい関係・親戚：1万円

不祝儀袋の種類

●基本

表書き:御霊前、御仏前
ほとんどの宗教に使えます。仏式では49日の法要以降は「ご仏前」になります

●仏式

表書き:御香典(御香奠)
浄土真宗の場合は亡くなった直後から「ご仏前」を使います。水引は黒と白または銀の結び切りです

●神式

表書き:御玉串料、御榊料、御神前料
白無地の封筒、水引は黒と白または銀の結び切りです

●キリスト教

表書き:お花料(プロテスタント)、お花料・御ミサ料(ともにカトリック)
水引は不要で、白い封筒か、十字架や花の絵の入った不祝儀袋を使います

弔電を打つタイミング

通常、通夜または葬儀・告別式に参列すべきですが、どうしても行けない場合は弔電を打ちます。弔電は前日までに届くように送ります。喪主の名前がわからないときには、「故〇〇様ご遺族様」で送ると届きます。送り主か文面で亡くなった人との関係がわかるようにして、その場合は忌み言葉に注意します。

▶ 重ね言葉
くれぐれも、またまた、かえすがえす、いよいよ

▶「不幸が続くこと」をイメージする言葉
続けて、再び、追って

▶ 死を直接表現する言葉
死ぬ、死去→ご逝去、ご存命中→ご生前に

▶ 苦悩を直接表現する言葉
苦しむ、迷う、浮かばれない

袱紗(ふくさ)の包み方

通夜や葬儀・告別式では紺色や深緑色、紫色(＊)の袱紗を使います。渡す際は、受付で開くか、折りたたんだ袱紗に不祝儀袋を載せて、表側を相手の正面に向けます

① 不祝儀袋の表側を向け、袱紗の中央かや右寄りに置き、右からふくさを包む

② 下から上の順になるように重ねる

③ 左側が重なるように包み、はみだした角を下に折り込む

＊紫色の袱紗は慶事／弔事のどちらでも使えます

お参りの仕方

　受付ではお悔やみを述べ、香典を渡し、芳名帳に氏名と住所を書きます。組織を代表している場合は、組織名、所在地、社長名の後に代理と書き、自分の名前を書き添えます。お参りの作法は宗教により異なるので、斎場の人に尋ねます。

● 焼香の仕方（仏式）

① 僧侶、遺族に一礼します

② 遺影に一礼し、合掌します

③ 親指と人差し指、中指の3本でお香をつまみます

④ 頭を下げ、お香を目の高さまで上げ香炉に置きます

⑤ ④を1〜3回（＊）繰り返し、再び合掌します

⑥ 僧侶、遺族に一礼して、退出します

＊宗派によって異なる。混んでいるときは1回で

お悔やみの言葉をかける

遺族に対しては、小さな声で静かに、言葉は少な目にあいさつするのが望ましいです。お悔やみのあいさつをする際は、自分と故人との関係を簡単に紹介してから行います。哀悼の気持ちを込めてあいさつしましょう。

> このたびは誠にご愁傷様でございます。
> 突然のことで驚きました。ご冥福をお祈りいたします。
> 心からお悔やみ申し上げます。

尊称を知っておこう

弔電などを打ったり、お悔みのごあいさつをしたりする際は、亡くなられた方を尊称で呼びます。一般的に、喪主から見た敬称を使います。

配偶者	ご令室様・御奥様、ご主人様・ご夫君様
父	ご尊父様・お父上様・父君様、ご岳父（ごがくふ）様（夫人の父）
母	ご母堂様・お母上様・母君様、ご岳母（ごがくぼ）様（夫人の母）
祖父母	ご祖父様、ご祖母様
子供	ご令息様・ご子息様、ご令嬢様・ご息女様
兄弟姉妹	お兄上様、ご弟様、お姉上様、お妹様

仏式葬儀の流れ

①通夜
告別式の前日午後6〜7時ごろから始まり、2時間程度で終わる「半通夜」が主流です

②葬儀・告別式
通夜の翌日に行われることが多く、友引の日は避けます。午前中からはじまり、お昼ごろまで、またはお昼ごろからはじまり午後に終えるのが一般的です

③出棺・火葬
告別式（葬式）が終わったら棺にくぎを打って閉め、出棺となります。棺は火葬場に送られ、火葬されます

本書のまとめ

各章のポイントをまとめてみました。
復習のために、再度確認してみましょう。

第1章　社会人として働くために

Point　目的意識を高めよう

　どんな仕事にも「目的」があります、そしてその目的を意識することで主体的な行動が生まれてきます。
　例えば「コピー取り」にしても、使用目的を意識すると、「カラー」と「白黒」、「片面」と「両面」、「縮小」と「拡大」など、用途に合わせてさまざまな工夫をすることが考えられます。単にコピー取りと捉えると「作業」となり、どんな工夫が必要なのかを考えることができません。
　みなさんのキャリア（人生）も同様です。自分自身がどんなキャリア（人生）を築いていきたいのか、つねにイメージしておくことで日々の行動に変化が表れてくるでしょう。

第2章　イラストでわかる！ビジネスマナー

Point　よい習慣をつけよう

　今までの習慣の結果が現在のあなた自身です。現在のあなたと、社会人としてありたい姿にギャップがあるならば、習慣を変えることが大切です。
　今日からの習慣が、未来のあなたをつくります。

●日々の習慣
　早寝・早起きなど規則正しい生活をしているか
　新聞やニュースなど、時事ネタを収集しているか
　通勤時間の使い方
　日々の食生活に気をつけているか
　つねに早目に行動を起こしているか
　計画を立てて実行する
　日記をつけるなど、一日を振り返っているか

●休みの日の過ごし方
　セミナーに参加したり、読書をしたり、自己研鑽をしているか
　趣味を楽しむなど、オンとオフの切り替えができているか
　仕事以外の人間関係を築いているか

今日の予定をチェック！

第3章　基本マナーを知っておこう

Point　第一印象の重要性を知ろう

　私たちは、初対面で相手の人に対してよい印象を持つと、その後の会話の中でも、その人の"よいところ探し"をすると言われています。そして、また会いたいな～と思います。

　ビジネスにおいても、よい印象を持ってもらい、また会いたいと思ってもらうことで、信頼関係を築いていくことがとても大切です。第一印象は数秒で判断されると言われています。メラビアンの法則を思いだし、身だしなみや表情などチェックするクセをつけていきましょう。

Point　身だしなみチェックリスト（巻末に記載）

第4章　仕事の進め方

Point　自分のスケジュールを把握しよう

　上司からの急な仕事の依頼が入ったときにすぐ対応ができるように自分のスケジュールをつねに把握しておきましょう。

Point　予実対比をしよう

　仕事に取りかかる前に、どのぐらい時間がかかるのかを想定した上で取り組みましょう。仕事が終了後、自分が想定した時間と、実際にかかった時間を把握することで、より時間への意識を高め、改善していくことでタイムマネジメントが可能になります。

Point　あの件どうなった？と上司に聞かれたら

　「メールをお送りしました」だけでは答えになっていません。仕事は依頼した本人に直接終了報告をしてはじめて終了です。

　また、PDCAの「Do」の後には、必ず「Check」点検があります。自分自身での点検はもちろんですが、依頼した上司に直接報告し、提出した状態で完成なのか、修正が必要なのかを確認する必要があります。その上で、「Act」改善点を考えていくことまでが求められているのです。

第5章　言葉遣いをマスターしよう

Point　敬語は知識よりも実践が大切

　社会人は敬語を使うことが頭ではわかっていても、緊張したりすると、ついついいつもの言葉遣いが出てきてしまうこともあります。まずはよく使われるビジネス用語を声に出して練習し、言葉自体に慣れましょう。

Point 積極的に話しかけよう

言葉に出して何度も練習した後は、積極的に話しかけてみましょう。指導をしてくれる先輩や上司などに積極的に話しかけることで、自信にもつながります。また、間違っている場合も社内の人であれば、その場で訂正し、指導してもらうことも可能でしょう。

Point アンテナを立てよう

さまざまな話題に対応できるように日頃から情報収集をしておきましょう。自分が興味があるものはもちろん、ときにはまったく興味のないこともチャレンジしてみましょう。

Point 聴き上手になろう

傾聴とは、耳＋目＋心を相手に傾けて聞くことと言われています。相手の人が何を伝えたいのかに興味関心を持って相手の話に耳を傾けましょう。

●5段階の傾聴

1. まずは表情
（相手の表情をミラーリングするとよいと言われています）

2. うなずく
相手の話すペースに合わせてうなずきましょう

3. 相づち

4. 要約する
相手の話を聞いた後、「つまり○○と言うことですね。」と、理解の相違がないか確認しましょう

5.（価値観を）くみ取る
相手の言いたいことをくみ取ります

第6章　電話応対を身につけよう

Point　電話応対は新入社員の役割

　電話がかかってきたら、一旦自分の仕事を止めて応対します。一度の応対は数分だとしても、何度も応対していると多くの時間を費やすことになります。新入社員のあなたが積極的に電話に出ることで、周りの人の負担を軽くすることができます。「電話応対は自分の仕事」と捉え、積極的に出るようにしましょう。取引先リストなどをつくることでよりスムーズな応対ができるように心がけましょう。

Point　ビジネス電話で「もしもし」は必要？

　「もしもし」は、「申します、申します」が変化したものと言われています。ビジネスシーンでは不必要なフレーズです。

Point　「いつもお世話になっております」は正しい？

　相手は決してあなた個人にかけてきたわけではありません。会社の代表として応対しているので、あなた自身がはじめましてでも、会社としてはお世話になっている場合もあるため、ビジネスシーンでは決まり文句となっています。

第7章　来客応対の基本を知ろう

Point　エレベーターで先に乗るのは？

　基本はお客様が先です。人数が多い場合、途中で閉まるのを避けるため自分が先に乗ります。その場合は「お先に失礼します」と一言添えることで、「基本のマナーがわかっている人」だとみなされます。降りるときはつねにお客様が先です。「開」のボタンを押したまま、お客様を先にご案内し、「右手でございます」とその後どちらに向かうのかを伝えましょう。

Point　ノックは何回？

正式には4回が正しいとされています。しかし実際のシーンでは2回、もしくは3回ノックします。2回の場合は元々トイレでのノックとされているため、ゆっくり2回ノックしましょう。

Point　自社の応接室、会議室の上座を確認しておこう

お客様がいらっしゃったときに迷わないように、自社の応接室、会議室などお客様をご案内する場所の上座を確認しておきましょう。

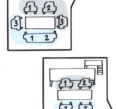

第8章　訪問時の基本を知ろう

Point　受付前にチェック

慣れないうちは早目に到着し、受付の前にトイレでもう一度身だしなみをチェックし、名刺や書類など取り出しやすいように確認しておきましょう。

Point　走ればギリギリ間に合う、あなたならどうする？

息を切らしたまま受付に向かうことは相手に対しても失礼にあたります。遅れることがわかった時点でまず連絡。遅刻は相手の時間を奪っていることにもなるので、余裕をもって訪問しましょう。

Point　15分前に到着してしまった、どうする？

早目の到着も会議室の手配など、相手の予定を変更させてしまいます。5分前に受付を意識しましょう。訪問先、時間帯によっては多くの訪問者が想定されますので、少し早目の到着を心がけましょう。

Point　名刺交換、これで完璧！

名刺を先に出されてしまったら、「頂戴します」と両手で受け取って、名刺入れとともに自分の名刺を持ってから、「申し遅れました」と両手で出します。

実際のビジネスシーンでは、同時交換を行うこともあります。お互いが名乗った後、右手に自分の名刺を持ち、左手に名刺入れを持ちます。そして、相手の名刺入れの上に自分の名刺を乗せて交換します。

第9章　メールと文書作成術をおさえよう

Point　メール＋電話、メール＋直接一言

メールは「お時間あるときにご覧ください」という意味もあるため、緊急なときには電話で連絡するなど使い分けましょう。またメールを送った後、電話で確認したり、直接相手先のところに行って伝えることで、メールだけでは伝わらなかったニュアンスが確認できるなど、ミスコミュニケーション回避にもつながります。

Point　お礼の連絡は手書きで

メールやパソコンで作成した文書が当たり前になったからこそ、改まった気持ちを表現するときは手書きのはがきなどを活用しましょう。

正式には筆で書きますが、苦手な人は万年筆か黒いペンでも構いません。

Point　丁寧に見やすく、が基本

手書きの字には、その人の癖が表れます。あくまでも会社としてお出しする以上、丁寧で見やすい字を心がけましょう。苦手な方は普段メモを取るときなどに意識して練習しておきましょう。

第 10 章　そのほかのモラルとマナー

Point　机の上の整理整頓なぜ必要？

　仕事で使う書類などはすべてあなた個人の物ではありません。部署や会社で共有している以上、誰が見てもどこに何があるかわかる状態にしておくことが周りに対してのマナーです。整理整頓ができていない状態で、どこに何があるのか探すことは、時間の無駄となとなります。つねに仕事のしやすさを心がけましょう。

Point　共有の施設の使い方

　トイレや喫煙ルーム、休憩室など、共有で使っている場所を使うときにも周りに対して配慮しましょう。総合ビルの場合、自社以外の人が使うこともあります。共有施設で社内やお客様の話をすることは避け、使った後はきれいにしておくことを心がけましょう。

身だしなみ チェックリスト（男性版）

☐ 髪は伸びすぎていませんか？ また寝癖はついていませんか？

☐ フケなどはありませんか？

☐ ひげの剃り残しはありませんか？

☐ キツイ香水はつけていませんか？

☐ 社風や職種にあった服装を心がけていますか？

☐ 洋服のシワは目立ちませんか？

☐ シャツの色は適当ですか？

☐ 襟や袖口に汚れはついていませんか？

☐ ボタンは留めていますか？ 腕まくりなどしていませんか？

☐ 上着やズボンのポケットに物を入れすぎていませんか？

☐ つめは伸びすぎていませんか？

☐ 靴下の色は適当ですか？（派手な色・柄、白いソックスは避ける）

☐ 靴が汚れていませんか？ かかとは磨り減っていませんか？

☐ 靴の型や色は適当ですか？

☐ 名札やバッジがゆがんでいませんか？

☐ 歯、耳、手はきれいですか？

☐ ネクタイは派手ではありませんか？

☐ 仕事の邪魔になるようなアクセサリーをつけていませんか？

身だしなみ チェックリスト（女性版）

☐ 髪型は仕事に差し支えありませんか？ また寝癖はついていませんか？

☐ フケなどはありませんか？

☐ 職場の雰囲気にあった化粧をしていますか？

☐ キツイ香水はつけていませんか？

☐ 社風や職種にあった服装を心がけていますか？

☐ 洋服のシワは目立ちませんか？

☐ シャツの色は適当ですか？

☐ 襟や袖口に汚れはついていませんか？

☐ ボタンは留めていますか？ 腕まくりなどしていませんか？

☐ つめは伸びすぎていませんか？

☐ マニキュアの色は派手ではないですか？ また、はげていませんか？

☐ ストッキングの色は適当ですか？ 素足ではないですか？

☐ 靴が汚れていませんか？ かかとは磨り減っていませんか？

☐ 靴の型や色は適当ですか？

☐ 名札やバッジがゆがんでいませんか？

☐ 歯、耳、手はきれいですか？

☐ 仕事の邪魔になるようなアクセサリーをつけていませんか？

Profile

ビジネスマナー講師
松本 昌子（まつもと あつこ）

営業・販売などの傍ら、司会養成学校に通い、司会業に従事したのち、2006年8月より、研修会社にて人財開発コンサルタントとして勤務。2012年より株式会社Woomaxにて、新入社員・若手社員を中心にビジネスマナー、キャリアデザイン研修を担当するほか管理層に向けての「リーダーシップ研修」「コミュニケーション研修」を担当。「わかりやすく、スグ使える」をモットーに幅広い層に対しての研修を担当している。現在は、Woomaxパートナー講師としての活動の他、NPO法人こどものみらいプロジェクト ゆめドリの理事としても活動中。

● 著書
『ゼロから教えてビジネスマナー』（かんき出版、2008年）ほか

● 研修用DVD（監修）
『仕事の基本とルール』全2巻（日本経済新聞出版社）
　http://www.woomax.net/books.html

● 資格など
ICP認定コーチ／米国認定NLPマスタープラクティショナー

これだけ知っておけば大丈夫！
「ビジネスマナー」のきほん

2015年3月12日　初版第1刷発行
2023年4月10日　初版第5刷発行

監修　松本昌子
編著　TNB編集部
発行人　佐々木 幹夫
発行所　株式会社 翔泳社 (https://www.shoeisha.co.jp/)
印刷・製本　日経印刷株式会社

©2015 Atsuko Matsumoto, SHOEISHA

＊本書は著作権法上の保護を受けています。本書の一部または全部について、株式会社翔泳社から文書による許諾を得ずに、いかなる方法においても無断で複写、複製することは禁じられています。

＊本書のお問い合わせについては、2ページに記載の内容をお読みください。

＊落丁・乱丁はお取り替えいたします。03-5362-3705までご連絡ください。

ISBN978-4-7981-4066-7
Printed in Japan

カバーイラスト／いしかわ こうじ
本文イラスト／秋葉 あきこ
装丁・デザイン／和田 奈加子
執筆協力／小島 あゆみ